James Joyce

rororo

rororo

rowohlts monographien
begründet von Kurt Kusenberg
herausgegeben von Wolfgang Müller
und Uwe Naumann

James Joyce

Dargestellt von Friedhelm Rathjen

Rowohlt Taschenbuch Verlag

Umschlagvorderseite: James Joyce, 1934
Umschlagrückseite: Der Martello-Turm in Sandycove bei Dublin
James Joyce in Zürich, 1938

Seite 3: James Joyce, 1938

Originalausgabe
Veröffentlicht im Rowohlt Taschenbuch Verlag,
Reinbek bei Hamburg, Juni 2004

Dieser Band ersetzt die 1960 erschienene
James-Joyce-Monographie von Jean Paris
Umschlaggestaltung any.way, Hamburg,
nach einem Entwurf von Ivar Bläsi
Redaktionsassistenz Katrin Finkemeier
Reihentypographie Daniel Sauthoff
Layout Gabriele Boekholt
Satz PE Proforma *und* Foundry Sans *PostScript,*
QuarkXPress 4.11
Gesamtherstellung Clausen & Bosse, Leck
Printed in Germany
ISBN 3 499 50591 6

INHALT

Dublin – der Dubliner

Roher Lärm I 7

Sunny Jim 10

Freundlos und allein 18

Paralyse: Die «Dubliner» 36

Triest – Porträts des Künstlers

Seelischer Selbstmord 44

Giacomo Joyce 52

Unrast: «Ein Porträt des Künstlers als junger Mann» 63

Zürich – Odysseus redivivus

Ein ganzheitlicher Mensch 75

Wanderungen: Der Anfangsstil des «Ulysses» 86

Wandlungen: Die späten Stile des «Ulysses» 95

Paris – Finnegans Nacht

Die dunkle Seele der Nacht 105

Wut und Verzweiflung eines Blinden 117

Flussgefließe: «Finnegans Wake» 125

Roher Lärm II 135

Anmerkungen 141

Zeittafel 145

Zeugnisse 146

Bibliographie 148

Namenregister 154

Über den Autor 157

Quellennachweis der Abbildungen 158

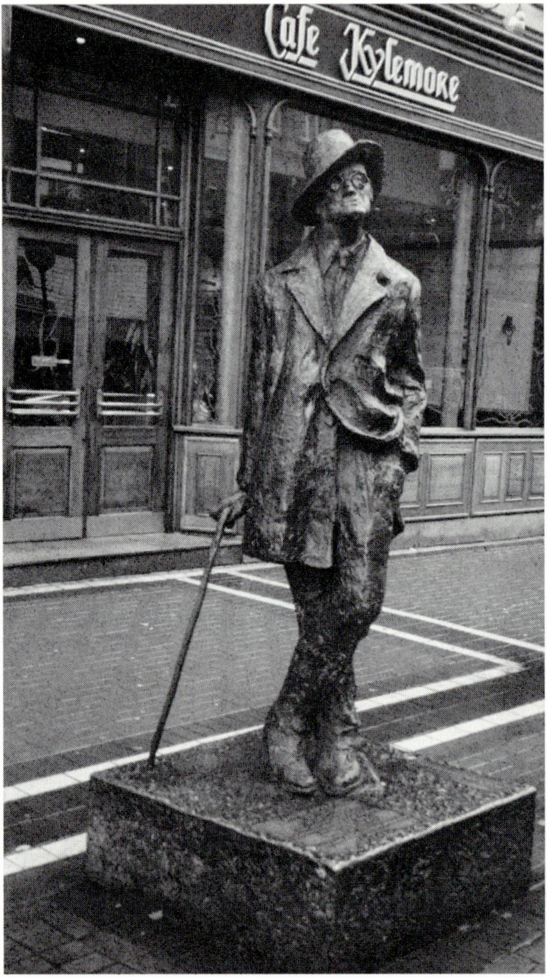

Joyce-Statue an der Einmündung der Earl Street
in die O'Connell Street im Zentrum von Dublin

Dublin – Der Dubliner

Roher Lärm I

1891 schreibt James Joyce, als Neunjähriger, seinen ersten und einzigen politischen Text, nämlich das Gedicht *Et tu, Healy*, mit dem er den Fall des irischen Politikers Charles Stewart Parnell kommentiert. Dem protestantischen Grundbesitzer Parnell, der seit 1875 im Londoner Unterhaus saß, war es gelungen, die verschiedenen Strömungen irischer Nationalisten zu bündeln und aussichtsreich auf eine bedingte Unabhängigkeit Irlands von der britischen Kolonialmacht hinzuwirken, doch 1890 stolperte er über eine Scheidungsaffäre: Ein ehemaliger Mitstreiter verklagte ihn wegen Ehebruchs, Parnell verlor die Unterstützung der katholischen Kirche, großer Teile der eigenen Partei und seines Stellvertreters Tim Healy, der ihn noch kurz zuvor seiner Gefolgschaft versichert hatte. Politisch und moralisch gebrochen, starb Parnell am 6. Oktober 1891 und wurde von seinen Anhängern zum ungekrönten König Irlands und zum Märtyrer stilisiert.

Über das Gedicht des kleinen James Joyce ist dessen Vater, ein glühender Parnellianer, so sehr erbaut, dass er es drucken lässt und unter seinen vielen Bekannten verteilt. Überliefert sind dennoch nur drei Schlusszeilen, die den toten Helden als Adler beschreiben, der über die Kleingeistigkeit seiner Widersacher erhaben ist: *Er horstet nun, hoch im Geklipp der Zeit, / Wo des […] Jahrhunderts roher Lärm / Ihn nimmermehr beirrt.*[1] Es mag Zufall sein, dass der Dichter in spe schon hier zum Bild eines hochfliegenden Vogels greift, um die Befreiung des einsamen, aber stolzen Helden aus den Niederungen von Treuebruch und Verrat zu veranschaulichen; kein Zufall aber ist es gewiss, dass der jähe Absturz von der Erfolgsleiter

Begräbnis Charles Stewart Parnells am 11. Oktober 1891

auf die Arglist falscher Freunde zurückgeführt wird, denn dies entspricht der Familientradition. Vor allem John Stanislaus Joyce, der Vater des Dichters, wird zeitlebens nie müde, andere Menschen für sein eigenes Versagen verantwortlich zu machen.

John Stanislaus Joyce wurde 1849 als einziges Kind eines prosperierenden Pferdehändlers und Grubenbesitzers in der südirischen Hafenstadt Cork geboren. Auch sein Vater und sein Großvater waren schon Einzelkinder, was für Katholiken jener Zeit sehr ungewöhnlich, dem Wohlstand der Familie allerdings förderlich war. Weiteren Wohlstand und vor allem Ansehen hatte seine Mutter in die Ehe eingebracht, eine entfernte Verwandte des Nationalhelden Daniel O'Connell. Zwei Bankrotte und sogar den Tod des Vaters überstand das Familienunternehmen relativ schadlos, zumal man Sorge getroffen hatte, dass dem Stammhalter John Stanislaus bei dessen Volljährigkeit ein beträchtliches Vermögen an

Grundbesitz und Barmitteln zufließen sollte. Bis es so weit war, exzellierte John Stanislaus als Sportler, Sänger und Amateurschauspieler, freilich nicht als Student. Ein Medizinstudium brach er nach drei Jahren ohne Abschluss ab, nahm sodann sein Erbteil entgegen, trat der Irisch-Republikanischen Bruderschaft (einem nationalistischen Geheimbund) bei und durchlief eine Serie wechselnder Berufstätigkeiten, die alle auf persönliche Beziehungen (meist familiärer Natur) gegründet und mit viel Zeit für Müßiggang verbunden waren.

Medizinstudent, Ruderer, Tenor, Amateur-Schauspieler, brüllender Politiker, kleiner Hausbesitzer, kleiner Aktionär, Trinker, guter Kerl, Geschichtenerzähler, Sekretär von jemand, irgendwas in einer Brennerei, Steuereinnehmer, Bankrotteur und augenblicklich Verherrlicher seiner eigenen Vergangenheit.

Die Karriere von Simon Dedalus (Porträt, S. 519 f.) gleicht weitgehend derjenigen von John Stanislaus Joyce

Anfang 1873 wurde John Stanislaus Joyce von einem Geschäftsfreund seines Vaters als Sekretär und Teilhaber einer Whiskeybrennerei eingestellt, die im Dubliner Vorort Chapelizod errichtet werden sollte, und zog mit seiner Mutter in die irische Hauptstadt. Allerdings lief die Brennerei nicht gut und musste nach fünf Jahren liquidiert werden; John Stanislaus Joyce verlor Arbeit und Kapitaleinlage und erfand die Familienlegende, der Bankrott sei durch Unterschlagungen des Geschäftsführers herbeigeführt worden. Über Beziehungen gelang es ihm schließlich, Sekretär eines liberalen Wahlvereins zu werden, der bei Parlamentswahlen 1880 seine Kandidaten durchsetzen konnte. John Stanislaus Joyce brüstete sich später: «Ich war's, der die Wahl in Dublin gewann.»[2] Zum Dank erhielt er auf Lebenszeit einen mit wenig Arbeit verbundenen Posten in der Dubliner Steuerbehörde. Auch privat hatte er seine Wahl getroffen: Im Mai 1880 heiratete er die zwanzigjährige Mary Jane Murray, allerdings gegen den Willen seiner eigenen Mutter, die allen Kontakt abbrach und verbittert nach Cork zurückzog, und auch seines zukünftigen Schwiegervaters, der sich daran stieß, dass John Stanislaus Joyce schon zweimal verlobt gewesen war. Der Bräutigam hielt fortan auf Distanz zu den verhassten Verwandten seiner Frau und verlangte auch von ihr, sich von der Familie fern zu halten.

Die zwanzigjährige Mary Jane (genannt May), eine warmherzige Frau mit Sinn für Humor, die freilich nach den strengen Regeln des Katholizismus erzogen worden war, und der ein Jahrzehnt ältere John Stanislaus Joyce, dessen Nationalismus in stark antiklerikalen Familientraditionen wurzelte, waren ein ungleiches Paar, doch einig waren sie sich, was die Erwartungen an eine Zukunft im Zeichen sozialen Aufstiegs betraf. Tatsächlich ging es mit ihm bald steil bergab, wie drei Zahlen plastisch veranschaulichen. Von 1880 bis 1896 zeugte das Paar mindestens sechzehn Kinder, von denen vier tot zur Welt kamen und zwei weitere kurz nach der Geburt starben: Es blieben ihnen (zunächst) vier Söhne und sechs Töchter. Zwischen 1883 und 1894 nahm John Stanislaus Joyce elf Hypotheken auf den beträchtlichen Immobilienbesitz in Cork auf, den er zwischenzeitlich von seiner Mutter geerbt hatte: Dann war nichts mehr davon übrig. Und zwischen 1880 und 1903 zog man sechzehnmal um: Dann zerfiel die Familie mit Mays Tod weitgehend.

Sunny Jim

Das erste überlebende Kind kommt am 2. Februar 1882 am Brighton Square in Rathgar, einem Mittelklassevorort Dublins, zur Welt und wird nach seinem Corker Großvater James Augustine Joyce genannt. Der schmächtige Junge erweist sich als aufgeweckt und fröhlich; er ist sofort der Liebling seiner Eltern und wird diesen Rang zeit ihres Lebens nicht wieder einbüßen. Trotz der vielen Geschwister, die er mit den Jahren bekommen wird, spielt er in mancherlei Hinsicht die Rolle eines Einzelkinds. In der Familie trägt er seines sonnigen Gemüts wegen lange den Spitznamen «Sunny Jim».

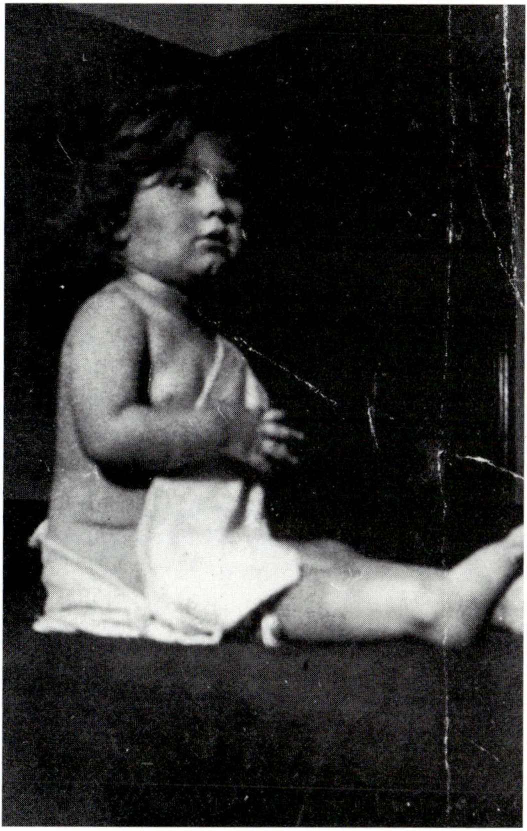

Ein Porträt des Künstlers als Säugling

Als der Junge fünf ist, zieht sein Vater mit der Familie in den Badeort Bray, fünfzehn Kilometer südlich Dublins, wo man ein geräumiges Reihenendhaus am Meer mietet. Zum Haushalt gehören wechselnde Bedienstete und Dauergäste, so eine gewisse Hearn Conway, die als Erzieherin für die Kinder eingespannt wird. Für James' jüngeren Bruder Stanislaus Joyce ist sie im Rückblick «mit Abstand die bigotteste Person, der ich je das Unglück hatte zu begegnen»[3]. Ihre verbitterte Einstellung zur Welt resultiert daraus, dass sie von einem Mitgiftjäger um ihr Vermögen gebracht wurde. Den kleinen James entsetzt sie mit sadistischen Höllenschilderungen und pflanzt ihm eine lebenslange Furcht vor Gewittern ein.

Das unbeschwerte Leben als Liebling seiner Familie endet für James, als er im August 1888 in die Internatsschule Clongowes Wood eingeschult wird, eine von Jesuiten geleitete Erziehungsanstalt, die als beste katholische Schule Irlands gilt. Rektor der Schule ist Pater John Conmee, *ein milder und liebenswürdiger Humanist*[4], zu dem die Familie von May Joyce möglicherweise Beziehungen hat. Im Schulprospekt steht: «Unsere besondere Sorge gilt sehr jungen Buben. Ihnen wird Unterstützung durch eine weibliche Betreuung gewährt, und Kost und Studien werden ihrem zarten Alter angepasst. Die Buben werden ab einem Alter von sieben Jahren aufgenommen.»[5] Joyce ist allerdings erst sechs, als er in die Schule eintritt (vermutlich als ihr jüngster Schüler aller Zeiten), und schläft deswegen in seinem ersten Jahr nicht mit den anderen Schülern in einem der Schlafsäle, sondern unter der Obhut einer Krankenschwester im Infirmarium.

Die Schüler werden in Clongowes in drei Klassenstufen eingeteilt, doch selbst in der untersten sind die Mitschüler großteils vier oder fünf Jahre älter als der kleine Joyce, der hier eine Art Nesthäkchendasein führt. Die Vermutung liegt nahe, dass der Schritt aus der Familie in diese fremde Umgebung für ihn mit großen Ängsten verbunden gewesen sein muss, doch nach Augenzeugenberichten ist er in Clongowes «in keinster Weise ein melancholisches, verängstigtes Kind [...], sondern ein fröhlicher und glücklicher Junge»[6]. Schon in seinem ersten Jahr lernt er freilich auch die Strenge des Schulregiments kennen: Er wird mehrmals bestraft, unter anderem wegen des Gebrauchs «vulgärer Ausdrücke»[7], wie das Strafbuch der Schule vermerkt.

Joyce hat sich späterhin durchaus dankbar über die Jesuitenerziehung geäußert: *Ich habe gelernt, die Dinge so zu ord-*

James Joyce mit Mutter, Vater und dem Großvater mütterlicherseits, John Murray, am Vorabend der Einschulung in Clongowes Wood

nen, daß es leichtfällt, sie zu überblicken und zu beurteilen.[8] Früh eignet er sich in Clongowes die intellektuellen Grundfertigkeiten an, trainiert vor allem sein Gedächtnis. Für die diversen Zwischenprüfungen haben die Schüler innerhalb weniger Wochen Hunderte von Seiten aus dem Maynooth-Katechismus oder biblische Geschichte auswendig zu lernen; diese Stoffe bleiben Joyce zum Teil jahrzehntelang im Kopf. Bei seiner Erstkommunion wählt er sich zum Namensheiligen bezeichnenderweise den Jesuiten Aloysius von Gonzaga, den Schutzheiligen der studierenden Jugend.

Mit zunehmendem Alter wächst Joyce langsam aus der Sonderrolle als jüngster Schüler heraus, zeichnet sich durch gute Leistungen aus, übernimmt Nebenrollen bei Schulaufführungen und erhält in seinem dritten Jahr auch Klavier-

Die Elementarklasse von Clongowes 1888/89; James Joyce vorn in der Mitte

stunden. Zu Beginn seines vierten Jahres ist er «immer noch ein kleiner Junge, immer noch schüchtern in Gesellschaft, reserviert gegenüber den Mitschülern, gehorsam und pflichtbewusst gegenüber den Lehrern»[9]. Dieses Jahr wird er freilich nicht beenden; irgendwann Ende 1891 (es ist das Jahr, in dem Parnell stirbt) nimmt ihn sein Vater von der Schule. Anlass sind die gravierenden Finanzprobleme der Familie.

1891 verliert John Stanislaus Joyce seine Lebensstellung als Steuereinnehmer und wird vorzeitig pensioniert. Er hat sich nie durch besonderen Diensteifer hervorgetan und gehört zu den zwangsläufigen Opfern einer Verwaltungsreform, sieht sich freilich stattdessen als politisches Opfer des «Verrats» an Parnell, dessen offener Anhänger er war. Er ist erst 42, wird aber zeit seines Lebens keiner dauerhaften

Arbeit mehr nachgehen: Statt der 500 Pfund Jahresgehalt hat er nur noch eine karge Pension von 132 Pfund zur Verfügung, um seine Familie zu ernähren.

Sohn James besucht für geraume Zeit überhaupt keine Schule, dann eine Armenschule, die seinem Hunger auf Bildung keineswegs gerecht wird. Er nutzt die plötzlich gewonnene freie Zeit, um ohne Anleitung zu lesen, was immer ihm in die Finger kommt. Im März 1893 schließlich erhält er (zusammen mit seinem drei Jahre jüngeren Bruder Stanislaus) auf Betreiben von Pater Conmee, der mittlerweile am Belvedere College in Dublin unterrichtet, dort einen Freiplatz. Belvedere, wiederum eine Jesuitenschule, ist weniger prestigeträchtig als Clongowes Wood, doch die Qualität der Ausbildung ist ähnlich gut. James ist zunächst Zweitjüngster in seiner Klasse (seine Nesthäkchenrolle kann er weiterspielen), fällt jedoch schnell durch seine überdurchschnittlichen Leistungen auf und wird zum Liebling aller Lehrer, insbesondere des Englischlehrers George Stanislaus Dempsey, in dessen Unterricht er Charles Lambs «Adventures of Ulysses» und wahrscheinlich auch erste Byron-Gedichte kennen lernt.[10]

Die Lehrprinzipien, die in Belvedere (wie auch schon in Clongowes Wood) angewandt werden, sind eine revidierte Form der jesuitischen «Ratio studiorum», die auf die Fähigkeiten des Gedächtnisses, der Vorstellungskraft, des Verstands und der Willenskraft zielt. Unterrichtstexte werden nach einem festen Fünfstufensystem (Lektüre – Übersetzung – Erklärung – Analyse der poetischen oder rhetorischen Struktur – Erudition) durchgenommen, das inzwischen auch schon für die Lektüre von Joyce-Texten empfohlen worden ist.[11] Grundlegende Methode ist die ständige Wiederholung des Stoffs; dem Ansporn der Schüler dient ein Wettbewerb: Gute Leistungen werden belohnt. Solcher Lohn wird auch James Joyce zuteil. Mehrmals erhält er ansehnliche Geldpreise, so 1897 ein Stipendium von 30 Pfund und zusätzlich drei Pfund für den besten Englischaufsatz seiner Altersstufe in Irland. Diese Preise tragen zeitweise erheblich zum Familieneinkommen bei. Eine weitere Auszeichnung ist, dass Joyce früh in die Sodalität der Heiligen Jungfrau Maria aufgenommen und als jüngster Bewerber bald zu ihrem Präfekten (dem Bindeglied zwischen Schülern und Schulleitung) gewählt wird: Er überflügelt seine älteren Schulkameraden in allen Bereichen.

Aber das Schuljahr 1895/96 wird ein verlorenes Jahr, weil er zu jung ist, um in die Mittelstufe versetzt zu werden. Da er in der Schule in dieser Zeit nicht gefordert wird, betreibt er eine Art Privatstudium und liest alles, dessen er habhaft werden kann. Er gewöhnt sich an, stundenlang allein durch Dublin zu streifen. Allwöchentlich ist er zu Gast im Salon des Parlamentsabgeordneten Sheehy, dessen Söhne aufs Belvedere College gehen, nimmt an Scharaden und Stegreifspielen teil und himmelt die Töchter des Hauses an, vor allem Mary, die jüngste, für die er jahrelang vage schwärmt, ohne es ihr zu verraten. Die charakteristische Schüchternheit des Jüngsten in der Gesellschaft Älterer wird noch verstärkt durch das Wissen, dass sich der soziale Abstand zwischen dem eigenen Elternhaus, das sichtlich zu verelenden beginnt, und gutbürgerlichen Kreisen immer mehr vergrößert.

Der Heuchler ist die schlimmste Spielart des Schurken, denn unter dem Schein der Tugendhaftigkeit verbirgt er das schlimmste aller Laster.
Joyce in seinem Schulaufsatz «Der Schein trügt» (KS, S. 70) von 1896

Als Vierzehnjähriger beginnt Joyce 1896 Gedichte (*Moods*) und Prosastücke (*Silhouets*) zu schreiben; gleichzeitig führt ihn während seiner Stadtwanderungen eine Prostituierte in die Geheimnisse der Sexualität ein. Ende des Jahres allerdings finden im College Exerzitien statt, die das Gewissen des Heranwachsenden so sehr bedrücken, dass er sich einige Monate lang vom Dubliner Rotlichtbezirk fern hält und seine Energien erneut auf die Schule konzentriert.

In seiner Lektüre hat er sich derweil vom Kanon der Jesuitenschule entfernt; Shakespeare rangiert ihm inzwischen unter Dante, er schwärmt für William Blake, und als er das Werk Henrik Ibsens entdeckt, schert er vollends aus den Reihen der Jesuiten aus. Zuvor hat er möglicherweise sogar mit dem Gedanken gespielt, Priester zu werden, doch als die Schulleitung mit einem entsprechenden Vorschlag an ihn herantritt, lehnt er ab. Innerlich steht er dem Glauben schon fern. 1898 schreibt er sich am University College Dublin, der katholischen Universität, als Student der modernen Sprachen ein.

Freundlos und allein

Auch das University College wird zu dieser Zeit von Jesuiten geführt, die freilich aus unterschiedlichen Gründen die hehren Ziele und Ansprüche ihres Ordens hier nicht verwirklichen können. Das intellektuelle Niveau der Lehrveranstaltungen ist äußerst schwach, die Anforderungen des Curriculums bleiben im Fach Englisch zum Teil hinter dem zurück, was Joyce schon in Belvedere gelernt hat, und deswegen gewöhnt er sich rasch ab, die Seminare zu besuchen. Halbwegs regelmäßig geht er hingegen zu den Fremdsprachenkursen (er hat Französisch und Italienisch gewählt), in denen er gelegentlich mit den Dozenten fast allein ist und gelehrte Diskussionen über literarische und philosophische Themen führt. Zu dieser Zeit ist es unüblich, dass junge Männer moderne Sprachen studieren, und ebenso unüblich ist der Umgang zwischen männlichen und weiblichen Studierenden – Joyce hat sich schon durch die Wahl seines Studienfachs weitgehend isoliert.

Sein engster Freund an der Universität wird rasch John Francis Byrne, den er bereits vom Belvedere College flüchtig kennt. Der körperlich robuste Farmerssohn, der drei Jahre älter und schon vor Joyce auf der Universität ist, nimmt dem Jüngeren gegenüber zunächst eine Art Beschützerrolle ein.

Zum Freundeskreis gehören außerdem der Sportsmann und Nationalist George Clancy, der unbedarfte Vincent Cosgrave, der idealistische Sozialist Francis Skeffington und der scharfsinnige Internationalist Thomas Kettle. Alle sind sie etwas älter als Joyce, der es freilich versteht, sie in seinen Ambitionen und mit Proben seines Intellekts bald zu überflügeln – vielleicht mit Ausnahme Kettles.

In Ermangelung eines ambitionierten Lehrplans spielt sich das intellektuelle Leben der Universität vor allem in informellen Diskussionen und halb offiziellen Debattierclubs ab. Von Kettle und Skeffington lässt sich Joyce in die Literarische und Historische Gesellschaft des College einführen, in deren geschäftsführenden Ausschuss er 1899 (wieder einmal als jüngstes Mitglied) gewählt wird. Bei einer Diskussion vor der Gesellschaft verteidigen Joyce und Kettle vehement die moderne Literatur gegen den Vorwurf, mit den Leistungen früherer Zeiten nicht mithalten zu können. Joyce hat um diese Zeit zwei große literarische Vorlieben, zum einen die französischen Symbolisten, unter deren Einfluss er selbst Verse zu schreiben versucht, und zum anderen den Realismus der Dramen Ibsens, den Joyce nicht (wie die meisten Zeitgenossen) als düster und trostlos, sondern geradezu als heroisch empfindet; zur Ibsen-Schule rechnet er bald Gerhart Hauptmann, Gabriele d'Annunzio und schließlich sogar Maurice Maeterlinck, der den Bogen zurück zum Symbolismus schlägt.

Die Reihe der genannten Autoren wird verständlicher, wenn man in den Erinnerungen des Bruders Stanislaus von Joyce' «mangelnder Achtung für Schriftsteller, die nur mit Literatur spielen» liest: «Meinem Bruder galt derjenige Mann der Feder, der Literatur nur aus geistiger Kurzweil betreibt, als wenig vertrauenswürdig.»[12] Joyce begreift sich nicht mehr einfach als Leser von Literatur, sondern er hat es darauf abgesehen, selbst zum Künstler zu werden, und deshalb liest er Bücher nun mit besonderem Blick auf die per-

Henrik Ibsen und sein Übersetzer William Archer, karikiert von Max Beerbohm, 1904

sönliche Statur des jeweiligen Autors. «Mit siebzehn modellierte sich Joyce bewusst nach dem Vorbild von D'Annunzio und Ibsen», erinnert sich einer seiner Kommilitonen[12a]; es geht ihm also nicht (nur) darum, die Schreibweise dieser Autoren gutzuheißen und vielleicht irgendwann zu kopieren, sondern um eine Orientierung des eigenen Verhaltens an ihren Lebensmustern. Als Joyce im März 1901 an Ibsen schreibt, schildert er rückblickend, wie er *das, was ich dunkel von Ihrem Leben erahnte, mit Stolz betrachtete, wie Ihre Kämpfe mich inspirierten – nicht die äußeren, konkreten Kämpfe, sondern jene, die hinter Ihrer Stirn ausgetragen und gewonnen wurden, wie Ihr willentlicher Entschluß, dem Leben sein Geheimnis zu entringen, mir Mut machte, und wie Sie in völliger Gleichgültigkeit gegen kanonisierte öffentliche Maßstäbe der Kunst, gegen Freunde und Schibboleths Ihren Weg im Licht Ihres inneren Heroismus gingen*[13]. Ibsen wird für Joyce zum Lehrmeister bei seinem Aufbegehren gegen alle Konvention und Verstellung.

In einen Kampf, der hinter seiner Stirn ausgetragen werden soll, zieht nun auch Joyce. Später wird er diese Phase seiner Entwicklung entsprechend stilisieren: *Er sah jetzt rasch genug, daß er seine Angelegenheiten im geheimen abmachen müsse, und Reserve war je nur eine leichte Buße gewesen.*[14] Ende 1899 bemerken die Kommilitonen an Joyce eine Tendenz zur Selbstisolation, er gibt sich unnahbar und unzugänglich, öffnet seine Gedankenwelt am ehesten noch seinem Bruder Stanislaus, dem er gleichzeitig zu verstehen gibt, wie wenig er ihn, den Jüngeren, eigentlich ernst nehme.

An studentischen Diskussionen und Debatten nimmt Joyce kaum noch teil, doch am 10. Januar 1900 hält er vor der Literarischen und Historischen Gesellschaft einen Vortrag über *Drama und Leben*, in dem er ein dynamisches, dabei kompromissloses Kunstkonzept zu formulieren versucht: *Unter Drama verstehe ich das Zusammenspiel von Leidenschaften in der Absicht, die Wahrheit zu porträtieren; Drama ist Kampf, Evolution, Bewegung, in welcher Form es sich auch entfaltet.* Vom dramatischen Kunstwerk (das durchaus auch ein Bild oder eine Plastik sein kann) verlangt er *Wahrhaftigkeit* statt ethischer Regeln und *Realismus* statt Schönheit: *In Zukunft wird das Drama mit der Konvention kämpfen müssen, wenn es sich wahrhaft verwirklichen will.*[15]

Die Reaktion seiner Zuhörer fällt wohlwollender aus, als Joyce es später gern darstellt; einige kritische Einwände, die es natürlich gibt, widerlegt der Vortragende mit beeindruckender Eloquenz. Angesichts des umfassenden Themas und der begrenzten Zeit seines Vortrags kann er freilich seine Bewunderung für Ibsen nur knapp skizzieren und überlegt sich, das Werk des Norwegers anderswo eingehender darzustellen. Er tut dies in einer Rezension des neues-

Ich habe in der «Fortnightly Review» eine Besprechung von Mr. James Joyce gelesen, oder mir vielmehr zusammenbuchstabiert, die sehr wohlwollend ist und für die ich dem Verfasser herzlich gern danken möchte, wenn nur meine Sprachkenntnisse ausreichten.

Ibsen an Archer, 16. April 1900 (Briefe I, S. 68)

ten Ibsen-Stücks «Wenn wir Toten erwachen», die in der Londoner «Fortnightly Review» (seinerzeit eine der angesehensten englischen Kulturzeitschriften) erscheint.

Die Tatsache, dass der junge Student einen umfangreichen Artikel in einer solchen Zeitschrift veröffentlicht, schlägt am University College wie eine Bombe ein; Joyce avanciert vom belächelten Spinner zum bewunderten Intellektuellen. Zudem erhält er einen Brief des englischen Ibsen-Übersetzers William Archer, der ihm den Dank des Dramatikers übermittelt. Geschmeichelt schreibt Joyce zurück: *Ich bin ein junger Ire, achtzehn Jahre alt, und ich werde die Worte Ibsens mein Leben lang in meinem Herzen bewahren.*[16]

Im Sommer 1900 schreibt Joyce sein erstes eigenes Theaterstück, *A Brilliant Career*, dem er eine selbstbewusste Zueignung voransetzt: *Meiner/eigenen Seele/widme ich das erste/echte Werk meines/Lebens.*[17] Das Stück (es geht darin um einen Mann, der der eigenen Karriere wegen seine Geliebte verstößt) schickt Joyce an Archer, der daran allerdings wenig Gefallen findet und es auf wohlwollende, aber unmissverständliche Weise kritisiert; Joyce akzeptiert die Kritik und vernichtet das Werk schließlich, ebenso wie ein kurz darauf geschriebenes Versdrama namens *Dreamstuff.* Parallel zu den Stücken schreibt er Gedichte, die von den französischen Symbolisten und Joyce' Landsmann William Butler Yeats angeregt sind und in denen es von romantisierenden Floskeln nur so wimmelt: *Kristallenes Mondlicht am Gestad'* beschwört *ferne Musik* herauf; das lyrische Ich will *Beim Quietschen der Fiedelsaiten genesen* und lauscht den Klängen von Viola, Flöte, Harfe und *der Gitarr'.*[18] Joyce' Schwärmerei für lyrische Empfindsamkeit steht in schroffem Widerspruch zu seiner Bewunderung für Ibsens realistische Härte.

Ein erster Versuch, zwischen beiden Polen zu vermitteln, stellen die Prosaskizzen dar, die Joyce *Epiphanien* (also eigentlich Erscheinungen göttlichen Wesens) nennt. In fragmentarischer Form notiert er erlebte Situationen, Traumfetzen oder kurze Dialoge. Diese Notate, die zwar auf die symbolische Offenbarung einer höheren, unausgesprochenen Wahrheit zielen, dabei aber stets von präzis aufgezeichneten Weltdetails ausgehen, sind die eigentliche Keimzelle des Joyce'schen Werks. In ihrer Konzentriertheit zielen sie auf jene ästhetische Qualität, die Joyce in seinem Ibsen-Aufsatz an seinem Vorbild gerühmt hat: *Neben seinen Porträts wirken die psychologischen Studien von Hardy und Turgenjew oder die ausführlichen von Meredith wie Halbwissen. Mit einem kühnen Strich, mit einem Satz, einem Wort erreicht er, wozu sie Kapitel brauchen, und macht es besser.*[19]

Unter einer Epiphanie verstand er eine jähe geistige Manifestation, entweder in der Vulgarität von Rede oder Geste, oder in einer denkwürdigen Phase des Geistes selber. Er glaubte, daß es Aufgabe des Schriftstellers sei, diese Epiphanien mit äußerster Sorgfalt aufzuzeichnen, da sie selbst die zerbrechlichsten und flüchtigsten aller Momente seien.

Stephen Daedalus' Definition der Epiphanie (Stephen der Held, S. 224)

Das literarische Geschehen in Dublin wird um die Jahrhundertwende durch das von Yeats und anderen begründete Irische Literarische Theater bestimmt. Joyce gehört zu den Bewunderern Yeats' und möchte gern etwas zu dessen Versuch, die Dubliner Literaturszene auf europäisches Niveau zu heben, beitragen. Da er sein eigenes Stück nach der Kritik Archers als gescheiterten Versuch erkennt, fertigt er Übersetzungen der Hauptmann-Stücke «Vor Sonnenaufgang» und «Michael Kramer» an, um sie dem Theater anzubieten. (Joyce hat sich sowohl Deutsch- als auch Dänisch-Kenntnisse angeeignet, um Ibsen und Hauptmann im Original lesen zu können.) In dieser Situation erfährt er, dass das neue Theater sich zunächst ganz auf irische Stoffe konzentrieren und Yeats dort unter anderem die Eigenbearbeitung einer nationalistischen Volkssage auf die Bühne bringen will. Joyce ist tief enttäuscht über das, was er als Yeats' Abkehr von der europäischen Bewegung begreift, und schreibt voller Zorn den Artikel *Der Tag des Pöbels*, mit dem er die nationale Er-

William Butler Yeats. Porträt von Augustus Edwin John, 1907

neuerungsbewegung scharf angreift: *[...] das Irish Literary Theatre gehört jetzt dem Pöbel des zurückgebliebensten Volkes in ganz Europa.* Wie sehr er inzwischen die Selbstisolation, die er Ibsen abgeschaut hat, auch öffentlich zelebriert, zeigt der Eingangssatz des Artikels, der eine gezielte Provokation ist: *Kein Mensch, sagt der Nolaner, kann das Wahre oder das Gute lieben, ohne die Menge zu verachten; und der Künstler, mag er sich der Menge auch bedienen, sondert sich doch sorgfältig von ihr ab.*[20] Als Joyce das formuliert, ist ihm klar, dass sein Publikum kaum weiß, wen er mit dem *Nolaner* meint – den Ketzer Giordano Bruno nämlich –, und damit den irischen Familiennamen Nolan assoziiert: Seine irischen Leser werden aufgefordert, sich selbst zum Pöbel zu rechnen.

Joyce reicht seinen Artikel beim Studentenmagazin «St. Stephen's» ein, das einen Abdruck jedoch ablehnt. Immerhin rühmt Joyce darin auch D'Annunzio, der auf dem vatikanischen Index steht. Joyce bringt den Aufsatz daraufhin als Privatdruck unter das universitäre Publikum und sieht sich in seiner selbst auferlegten Rolle als kompromissloser Ketzer und Kritiker aller Heuchelei bestätigt. Dennoch findet er sich dazu bereit, im Februar 1902 vor der Literarischen und Historischen Gesellschaft einen weiteren Vortrag zu halten, und wählt als Thema sogar einen irischen Schriftsteller, den Lyriker James Clarence Mangan, der, wie er meint, von den Wiederbelebern irischer Traditionen bisher übersehen wurde. Freilich passt Mangan kaum ins Klischee des irischen Provinzdichters, sondern war, wie Joyce ihn darstellt, ein früher Internationalist und Gegner aller nationalen Erstarrung: *Er pflegt Umgang mit Dutzenden von Sprachen, was er bei passender Gelegenheit freizügig zur Schau stellt, und er hat sich verwegen durch viele Literaturen gelesen und ungezählte Meere überquert*[21].

Der Vortrag trägt Joyce viel Lob und Anerkennung, erwartungsgemäß jedoch auch den Widerspruch einzelner Kritiker ein und bestärkt ihn deshalb weiter in seiner Selbstisolation. Von seinen Kommilitonen ist späterhin bestritten worden, dass Joyce auf eine Mauer der Abwehr gestoßen sei («Ich kann keinerlei Feindseligkeit gegen ihn ausmachen, höchstens einmal in der Hitze des Wortgefechts»), doch sie räumen ein, er sei «eigentümlich isoliert» gewesen.[22] Gleichzeitig gilt er am University College als «Verkörperung und eigentliche Stimme des literarischen Geistes»[23]. Um so größer ist die Verwunderung, als sich im Frühjahr 1902 herumspricht, Joyce habe sich (zusammen mit J.F. Byrne) für den Herbst in der Dubliner Medical School eingeschrieben.

Am 3. Mai 1902 ist sein Bruder George vierzehnjährig an Bauchfellentzündung gestorben, und James Joyce ist sich sicher, dass er bei besserer medizinischer Betreuung hätte überleben können. Doch die Familie lebt jetzt unter armseligsten Bedingungen in Elendsquartieren, die regelmäßig gewechselt werden, wenn die Miete fällig ist. All das mag zum Entschluss, Medizin zu studieren, beigetragen haben; einem Kommilitonen erklärt Joyce allen Ernstes, er wolle einfach als Arzt in wenigen Jahren reich genug werden, um den Rest seines Lebens ganz der Literatur widmen zu können.[24] Das Medizinstudium soll jedoch erst im Herbst beginnen, so verbringt er den Sommer damit, literarische Beziehungen aufzubauen. Beim Theosophen, Dichter und Agraragitator George William Russell alias A. E. spricht er spätabends vor und diskutiert mit ihm; auf der Straße spricht er Yeats an, zeigt ihm eigene Arbeiten und sagt einer zweifelhaften Anekdote zufolge zu ihm: *Ich bedaure, daß Sie zu alt sind, um von mir noch beeinflußt zu werden*[25]; beide finden Gefallen an seinen Gedichten und fördern ihn fortan, obwohl sie ihn «stolz wie Luzifer»[26] finden.

Im Oktober beginnt Joyce mit seinem Medizinkurs, merkt aber sofort, dass ihm das nötige naturwissenschaftliche Grundlagenwissen fehlt. Kurzerhand bricht er sein Vorhaben ab und setzt sich stattdessen in den Kopf, das Medizinstudium in Paris fortzusetzen. Da er voraussieht, wie schwer es werden wird, dort seinen Lebensunterhalt zu bestreiten, schreibt er einen seltsamen Bettelbrief an Lady Augusta Gregory, eine gut betuchte Größe der Dubliner Theaterszene: *Ich gehe allein und freundelos […] in ein anderes Land, und ich schreibe Ihnen, um zu erfahren, können Sie mir irgendwie helfen. […] Ich werde mich gegen die Mächte der Welt zu behaupten versuchen. […] Und wenn es auch scheint, als würde ich als ein Irrgläubiger aus meinem Lande vertrieben, so habe ich doch niemanden gefunden, der einen Glauben hätte wie ich.*[27] Joyce gelingt es, sich gerade in jenem Moment als Opfer verräterischer Intrigen darzustellen, in dem von vielen Seiten versucht wird, ihm zu helfen; möglicherweise hat er selbst sich in seinem Stolz verletzt, indem er Hilfe bei jenen sucht, die er zu verachten vorgibt. Lady Gregory vermittelt ihm den Auftrag, Buchrezensionen für eine Dubliner Zeitung zu schreiben, wofür Joyce sich auf seine Weise bedankt, indem er unter dem Titel *Die Seele Irlands* das aktuelle Buch der Lady Gregory heftig verreißt und bei der Gelegenheit den modischen Rekurs auf irische Folklore als Werk seniler Kindsköpfe darstellt.

Am 2. Dezember verbringt er auf der Durchreise in London einen Tag mit Yeats, der ihm Kontakte und weitere Rezensionsaufträge verschafft und dafür mit gutem Benehmen belohnt wird: «Er war unerwartet liebenswürdig.»[28] Nach der Ankunft in Paris dann stellt Joyce rasch fest, dass das geplante Medizinstudium und überhaupt das Leben Geld kostet; zudem leidet er an Heimweh und jammert in den Briefen an seine Eltern so lange, bis sie ihn drängen, über Weihnachten heimzukehren. Bevor er aufbricht, schickt er seinem Freund Byrne noch rasch eine Postkarte mit seinem Konterfei und einem neuen Gedicht. Byrne ist so stolz, dass er die Karte Cosgrave zeigt – der sofort die gleiche Karte zückt, allerdings mit Joyce'schen Auslassungen über Pariser Prostituierte darauf. Byrne ist tief gekränkt und erklärt ihre Freundschaft für beendet, was wiederum Joyce veranlasst, sich als Opfer eines Treuebruchs zu begreifen: *Als ich jünger war, hatte ich einen Freund, dem ich mich ganz öffnete […]. Er war Ire, und das heißt, er hat mich verraten.*[29]

Offensichtlich wird Joyce in diesem (wie in manch anderem) Fall Opfer seines Hangs zur Selbstheroisierung. In seinen Studentenjahren ist er mit einer ganzen Reihe junger Männer befreundet, die ihm körperlich und an Lebensjahren einiges voraus haben, was er freilich dadurch ausgleicht, dass er sich ihnen intellektuell weit überlegen weiß. Joyce pflegt diese Freundschaften nicht in der Gruppe, sondern in Gesprächen unter vier Augen, oft auf langen Spaziergängen durch die Stadt, und dadurch gibt er jedem dieser Freunde Gelegenheit zu der irrigen Überzeugung, der einzig wahre Vertraute von Joyce zu sein und an dessen herablassender Haltung den anderen gegenüber teilhaben zu können.

Im Januar 1903 ist Joyce wieder in Paris, betreibt aber das Medizinstudium nicht weiter, sondern verbringt die meiste Zeit damit, in der Bibliothèque St. Geneviève zu sitzen und zu lesen. Bei diesen Privatstudien legt er das *Pariser Notizbuch* an, in dem er seine (vor allem durch Aristoteles inspirierten) ästhetischen Grundüberzeugungen in eine Ordnung zu zwingen sucht. Er wendet sich gegen alle Kunst dynamischer Gefühlserregung: *Verlangen ist das Gefühl, das uns drängt, auf etwas zuzugehen, und Abscheu ist das Gefühl, das uns drängt, von etwas fortzugehen: und uneigentlich ist eine Kunst, wenn sie darauf abzielt, diese Gefühle in uns zu erregen, sei es in*

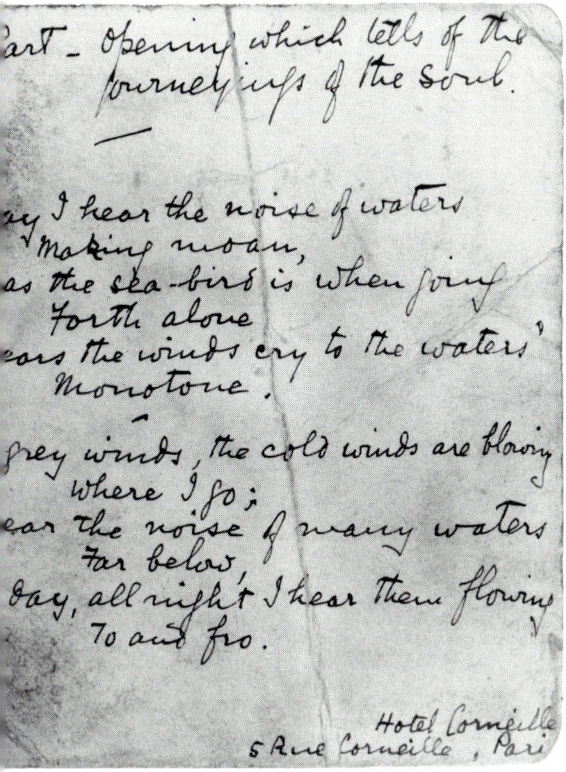

art – Opening which tells of the
journeyings of the soul.

—

ry I hear the noise of waters
Making moan,
as the sea-bird is when going
forth alone
ears the winds cry to the waters'
Monotone.

grey winds, the cold winds are blowing
Where I go;
ear the noise of many waters
Far below,
day, all night I hear them flowing
To and fro.

Hotel Corneille
5 Rue Corneille, Pari

Postkarte aus Paris an J. F. Byrne, Dezember 1902

der Komödie oder der Tragödie. Von der Tragödie verlangt Joyce stattdessen, dass sie Furcht und Mitleid, von der Komödie, dass sie Freude hervorrufe, und das führt ihn zu der Überzeugung, alle Kunst sei *statisch, denn die Gefühle der Furcht und des Mitleids auf der einen und der Freude auf der anderen Seite sind Gefühle, die uns gefangen nehmen.*[30]

Während er solche Notate anfertigt, leidet Joyce an schlimmen Zahnschmerzen, kann sich aber nicht behandeln lassen, weil er kein Geld hat. In den Briefen nach Hause jammert er, dass er sich nicht einmal regelmäßiges Essen leisten kann: *Heute habe ich zwanzig Stunden nichts gegessen. Aber die-*

se Fastenzeiten bin ich jetzt gewohnt.[31] Seine Eltern, die selbst kaum zu essen haben, sparen sich vom Munde ab, soviel sie können, und schicken ihm Geld. Trotz der großen Geschwisterschar spielt Joyce immer noch eine Art Einzelkindrolle. Gute Ratschläge erteilt ihm seine Mutter obendrein: «Du kommst auf Deinem Weg nicht ohne Freunde weiter.»[32]

Die Episode in Paris findet ein jähes Ende, als Joyce Anfang April ein Telegramm erhält: «Mutter im Sterben komm nach Hause Vater.»[33] May Joyce ist unheilbar erkrankt, an Krebs, wie sich herausstellen wird. Sie erholt sich zwar noch ein wenig wieder, doch ihre letzten Monate sind ein einziges Siechtum, das die Nerven der ganzen Familie strapaziert. Am hilflosesten scheint der Vater zu sein; John Stanislaus Joyce, der nur noch selten nüchtern ist, beschimpft auf rüde Weise seine Kinder («Ich brech' Euch das Herz; aber erst brech' ich Euch noch den Magen») und die todkranke Frau: «Wenn Du nicht gesund werden kannst, dann stirb doch. Stirb und fahr zur Hölle.»[34]

Nachdem May Joyce am 13. August 1903 gestorben ist, fängt ihr ältester Sohn stark zu trinken an. Stanislaus, der ihn zur Rede stellt und an frühere Vorsätze erinnert, erhält eine gröbliche Abfuhr: *Du hast Angst zu leben, Du und Alle, die so sind wie Du. Die ganze Stadt leidet an halbseitiger Willenslähmung. Ich fürchte mich nicht zu leben.*[35] Joyce' Leben spielt sich zu dieser Zeit weitgehend an der Seite eines neuen Freundes ab, den er zu Beginn des Jahres in der Dubliner Nationalbibliothek kennen gelernt hat. Oliver St. John Gogarty ist Medizinstudent, erfolgreicher Sportler, aufstrebender Lyriker mit vielseitigen Verbindungen in der Szene und, natürlich, vier Jahre älter als Joyce, der sich von der körperlichen und verbalen Vitalität und dem vor Obszönitäten nie zurückschreckenden scharfen Witz Gogartys angezogen fühlt. Gemeinsam suchen sie regelmäßig auch den Rotlichtbezirk auf, wo Joyce sich Anfang 1904 mit einem Leiden ansteckt, das Gogarty als leichten Fall von Tripper diagnostiziert.[36]

Im zerfallenden Familienhaushalt hält Joyce es nicht lange aus, er zieht aus und lebt bei verschiedenen Bekannten, später auch bei seiner Tante Josephine Murray, der er erklärt: *Ich will berühmt werden, während ich noch am Leben bin.*[37] Um am Leben zu bleiben, überlegt er sich bizarre Einnahmequellen: Er will eine Literaturzeitschrift gründen, arbeitet im Frühjahr 1904 einige Wochen als Hilfslehrer in einer Knabenschule im Dubliner Vorort Dalkey, nimmt mit mäßigem Erfolg an einem Wettsingen teil, was ihm das Angebot eines Gesangslehrers einträgt, gratis seine vorzügliche Tenorstimme auszubilden, und schließlich will er sich eine Laute bauen lassen, *und dann will ich die Südküste von England von Falmouth bis Margate bereisen und alte englische Lieder singen*[38]. Ähnlich vielfältig wie seine obskuren Projekte zum Geldverdienen ist seine Lektüre; er beschäftigt sich mit theosophischem und sozialistischem Gedankengut, zudem mit Nietzsche.

1904 wird Joyce aber auch literarisch wieder produktiver. Auf Vorschlag des Herausgebers John Eglinton schreibt er schon zu Jahresbeginn der neuen Zeitschrift «Dana» einen Prosatext in ekstatisch-prätentiösem Duktus, halb Essay und halb autobiographische Skizze, den er *Ein Porträt des Künstlers* nennt – das so genannte Ur-*Porträt*. Als Eglinton den Text mit der Begründung ablehnt, er könne nicht drucken, was er nicht verstehe[39], beginnt Joyce, daraus einen autobiographischen Roman zu entwickeln: *Stephen der Held*. Die ersten Kapitel, offenbar in einem lyrisch-schwärmerischen Stil geschrieben, gehen ihm rasch von der Hand, und von Bekannten, denen er sie zeigt, erfährt er Zuspruch und Ermutigung.

Trotz der Tiraden in seiner Gregory-Rezension wird Joyce keineswegs von der gesamten Dubliner Literaturszene geschnitten. Russell, der Verbindungen zum Landwirtschaftsblatt «Irish Homestead» hat, fragt Joyce, ob er nicht «etwas Einfaches» für die Rubrik «Kurzgeschichte der Woche» schreiben könne, was das Publikum nicht schockiere, und stellt pro Geschichte ein Pfund Honorar in Aussicht.[40] Joyce macht sich sogleich ans Werk und schreibt eine erste Fassung von *Die Schwestern.* Da Russell ihn damit geködert hat, er könne Beiträge für dieses als «Schweineblatt» bekannte Organ auch gern «mit irgendeinem Namen als Pseudonym zeichnen», benutzt Joyce den hochtrabenden Künstlernamen Stephen Daedalus, was er später bereuen wird. Obwohl Russell nur eine kleine Nichtigkeit ohne künstlerischen Anspruch bestellt hat, entwickelt Joyce daraus sofort ein ehrgeiziges Projekt: *Ich schreibe eine Serie von Epicleti [Anrufungen des Heiligen Geistes] – zehn – für eine Zeitung. [...] Ich nenne die Serie «Dubliners», um die Seele jener Hemiplegie oder Paralyse bloßzustellen, die viele für eine Stadt halten.*[41] Dieses Programm kann Joyce zwar beim «Irish Homestead» nicht verwirklichen, wo man ihm nach der dritten Geschichte mitteilt, nun sei die Geduld der Leser genügend strapaziert; dennoch wird es sich als künstlerischer Durchbruch erweisen.

Immer noch treibt sich Joyce mit Gogarty herum und gefällt sich in «seiner Rolle als verkommenes Genie»[42], findet freilich parallel dazu zu einer ganz neuen Art der Gefährtenschaft. Am 10. Juni lernt er (vermutlich über den Frauenhelden Cosgrave[43]) eine rothaarige Frau kennen, die schließlich einwilligt, mit ihm auszugehen. Es ist Nora Barnacle, zwei Jahre jünger als Joyce, aus Galway im Westen Irlands gebürtig und zu dieser Zeit als Zimmermädchen in Finn's Hotel in Dublin angestellt. Bei der ersten Verabredung versetzt sie ihn, doch er schreibt ihr und bittet um ein neues Treffen, das sie ihm gewährt. Am Abend des 16. Juni 1904 spazieren die beiden durch Dublin, und Nora beeindruckt Joyce so sehr, dass die beiden fortan ein Paar sind. Vermutlich an jenem Abend geschieht, woran Joyce Nora einige Jahre später erinnert: *Du warst es [...], die die Initiative ergriff. [...] Du warst es, die deine Hand in meine Hose gleiten ließest und mein Hemd sanft zur Seite zogst und mit deinen langen kitzelnden Fingern meinen*

Nora Barnacle
als junge Frau

Schwanz berührtest und ihn allmählich ganz in die Hand nahmst, so dick und steif er war, und mich langsam riebst, bis ich durch deine Finger kam, und die ganze Zeit beugtest Du Dich über mich und starrtest mich aus deinen stillen heiligenhaften Augen an.[44] Joyce wird den 16. Juni 1904 später als *Bloomsday* zum Schlüsseldatum seines Lebens und Werks machen.

Joyce schreibt Nora eine Reihe von Briefen, in denen er die Eckpunkte seines Denkens und Handelns rückhaltloser offenbart als seinen männlichen Freunden gegenüber: *Mein Denken lehnt die ganze gegenwärtige soziale Ordnung und das Christentum ab – das Elternhaus, die anerkannten Tugenden, Klassenunterschiede und religiöse Doktrinen. Wie sollte mir der Gedanke ans Elternhaus Freude machen? Meins war nichts als eine Mittelstands-Geschichte, heruntergewirtschaftet durch einen Hang zur Verschwendung, den ich geerbt habe. […] Vor sechs Jahren trat ich aus der Katholischen Kirche aus, die ich glühend haßte.*

James Joyce im Sommer 1904

Es war mir aufgrund der Regungen meiner Natur unmöglich, in ihr zu bleiben. Ich führte einen geheimen Krieg gegen sie, als ich Student war, und schlug die Stellungen aus, die sie mir anbot. Ich machte mich dadurch zum Bettler, aber ich behielt meinen Stolz. Jetzt führe ich einen offenen Krieg gegen sie, durch das, was ich schreibe und sage und tue. Der Gesellschaftsordnung kann ich mich nicht einordnen – außer als Vagabund.[45]

Diese Formulierungen sind umso erstaunlicher angesichts der Tatsache, dass Nora eine pragmatische Frau ohne jeden intellektuellen Hintergrund ist, die an abstrakten Ideen keinerlei Interesse zeigt. Dumm ist sie freilich nicht, und sie hat Joyce voraus, dass sie gehandelt hat. Joyce redet zwar von den Fesseln der Kirche, der Gesellschaftsordnung, des Elternhauses, hat sich bislang über diese Fesseln aber nicht wirklich hinwegzusetzen vermocht; Nora hingegen ist den Fesseln, durch die sie eingeengt wurde, entflohen. Sie ist von zu Hause durchgebrannt, als ihr Onkel sie prügelte, weil sie sich heimlich mit einem Mann getroffen hat.

Nora ist (nach der Mutter) die erste Frau, der Joyce Zutritt zur Welt seiner Gedanken gewährt. Ihm ist es, *als führte ich Krieg für Dich gegen alle religiösen und sozialen Kräfte in Irland und wäre dabei ganz auf mich allein gestellt. Hier ist kein Leben – keine Natürlichkeit oder Aufrichtigkeit.*[46] Joyce fragt Nora: *Gibt es jemanden, der mich versteht?* Sie versteht das als Liebesantrag und bejaht.[47]

Im August verfasst Joyce das Spottgedicht *Das Heilige Offizium*, in dem er Yeats, Russell, Lady Gregory, Eglinton und andere verhöhnt und sich mehr denn je zum einzigen Mann mit Rückgrat ausruft: *So nehm in den Blick ich, fern dem Lande, / Das Schlachtfeld dieser Narrenbande, / Der Seelen, die hassen der meinen Kraft, / Die in des Aquinas Schule gestrafft. / Wo sie gebückt sich voll Kriecherei, / Steh ich, der Selbstbestrafte, frei, / Furchtlos, freundlos und allein*[48].

Zu denen, die Joyce in diesem Schmähtext verspottet, gehört auch sein Saufkumpan Gogarty, was die beiden nicht hindert, zusammenzuwohnen. Gogarty hat zwölf Kilometer südlich von Dublin eine kuriose Unterkunft gemietet: den Martello-Turm von Sandycove, einen jener bulligen Wehrtürme, die um 1800 zum Schutz gegen eine befürchtete französische Invasion an Irlands Küsten gebaut wurden. Am 9. September zieht Joyce dort ein, doch diese Episode endet nach wenigen Tagen jäh, als ein weiterer Gast nachts von einem Panther träumt und im Halbschlaf mit seinem Revolver um sich schießt. Gogarty entreißt ihm die Waffe und amüsiert sich damit, einige Pfannen ins Visier zu nehmen, die mit Getöse auf das Schlaflager von Joyce herabfallen. Joyce türmt in panischem Schrecken, und am nächsten Tag schlägt er Nora vor, mit ihm Irland zu verlassen. Sie willigt ein, obwohl er ihr zu verstehen gibt, heiraten werde er sie nicht.

So stolz Joyce auch darauf beharrt, *freundlos und allein* zu sein, für die Flucht braucht er Geld (*Ich bin nicht wie Jesus Christus – ich kann nicht auf dem Wasser gehen*[49]), das er sich bei allen erreichbaren Bekannten zusammenschnorrt. Am 8. Oktober 1904 schließlich bricht er mit Nora auf: nach Zürich, wo ihm eine englische Agentur eine Stellung als Sprachlehrer an der Berlitz-Schule vermittelt hat.

Paralyse: Die «Dubliner»

Außer Nora Barnacle nimmt Joyce noch etwas auf die Reise: Hoffnungen auf eine Zukunft als Schriftsteller und als Grundstock dafür die drei Erzählungen *Die Schwestern, Eveline* und *Nach dem Rennen.* In rascher Abfolge wird er weitere schreiben und sie zu dem Band *Dubliner* zusammenstellen, seiner literarischen Abrechnung mit der Heimatstadt. Was er aufs Korn nimmt, ist eine Atmosphäre, die er als Lähmung wahrnimmt. Von der *allgemeinen Paralyse einer verrückten Gesellschaft*[50] hat er schon im Ur-*Porträt* gesprochen, dann hat er angekündigt, mit dem *Dubliner*-Projekt *die Seele jener Hemiplegie oder Paralyse bloßzustellen, die viele für eine Stadt halten*[51].

Später wird er sein Ziel noch ausführlicher darlegen: *Es war meine Absicht, ein Kapitel der Sittengeschichte meines Landes zu schreiben, und ich wählte Dublin als Schauplatz, weil mir diese Stadt das Zentrum der Paralyse zu sein schien. [...] Ich habe sie [die Erzählungen] zum größten Teil in einem Stil skrupulöser Niedertracht geschrieben und in der Überzeugung, daß derjenige sehr verwegen sein müßte, der das, was immer er gesehen oder gehört hat, in der Darstellung zu ändern oder womöglich zu entstellen wagte.*[52]

Es ist bemerkenswert, dass Joyce jene Lebensumstände, denen er entflieht, vornehmlich als Erstarrung empfindet. Mit demselben Recht hätte er seine Kindheit und Jugend als Phase der Instabilität begreifen können: Als Internatsschüler ist er früh aus der Geborgenheit der Familie gerissen worden, als ältester Sohn hat er den sozialen Abstieg des Elternhauses von Anfang bis Ende miterlebt. Einige seiner Geschwister reagieren auf den frühen Zusammenbruch ihrer Welt, indem sie das Heil in starren Ordnungssystemen suchen (eine Schwester wird Nonne, Stanislaus Joyce entwickelt einen selbstgerechten und rigiden Moralismus); James Joyce hingegen trotzt der frühen Instabilität seines Lebens gerade eine innere und äußere Beweglichkeit ab, wie Stanislaus früh bemerkt: «Er wollte immer neue Abenteuer, neue Szenerieen, neue Menschen [...]. Die Illusion einer stabilen Welt hat ihn nie verführt.»[53] Diese Haltung wird es ihm sein Leben lang ermöglichen, allen Erschütterungen mit einer künstlerischen Flexibilität und Dynamik sondergleichen zu begegnen.

Die *Dubliner*-Erzählungen übersetzen jene Starre, der Joyce zu entfliehen sucht, in Literatur, und deswegen wirken sie zunächst statisch und lethargisch. Turbulente Handlungen oder spannende Zuspitzungen fehlen, und Joyce hält sich konsequent an die Regel, die er Gogarty gegenüber formuliert hat: *Übertreibe nicht. Erzähl die Wahrheit.*[54] Wahrheit aber heißt Durchschnittlichkeit. Schon in *Drama und Leben* hat Joyce sich davon überzeugt gezeigt, *daß selbst aus der öden Einförmigkeit der Existenz ein bestimmtes Maß an dramatischem Leben gezogen werden kann*[55]. Dieses aus der Ibsen-Lektüre destillierte Konzept setzt er in *Dubliner* um, indem er Alltagssituationen skizziert, ohne sie ausdrücklich zu kommentieren. Ihre Signifikanz müssen diese Situationen dem Leser schon selbst offenbaren, ganz so, wie es sich Joyce bereits bei seinen *Epiphanien* vorgestellt hat.

Die Manifestationen der Paralyse sind vielfältig. In der Auftakterzählung *Die Schwestern* ist es ein Schlaganfall, der den alten Priester gelähmt hat. Anderswo zeigt die Erstarrung sich als *dunkle Betäubung*[56], von der die Figuren umfangen werden, in Gestalt der *öden Tage*[57], die sie durchleben, oder im *Zornkrampf*[58], der ihre Kehlen umklammert und regelmäßige Durstattacken zur Folge hat. Manche der Figuren ergeben sich ihrem *gleichförmigen Leben*[59], weil sie Angst vor der Veränderung haben oder weil sie spüren, *wie zwecklos es war, gegen das Geschick anzukämpfen*[60]. Andere sind mutiger und versuchen, *für einen Tag aus der Öde des Schullebens auszubrechen*[61] oder gar *fortzufliegen in ein anderes Land*[62], scheitern jedoch allesamt: Sei es an der eigenen Mutlosigkeit, die sie im entscheidenden Moment *passiv* macht *wie ein hilfloses Tier*[63], sei es an den Grenzen, die ihnen durch ihre unaufmerksamen, egoistischen, schnorrenden und drückebergerischen Mitmenschen gesetzt werden.

Eine Ausflucht der Figuren ist ihr Hang zur Selbstrechtfertigung, der sich Bahn bricht in ihren Gedankengängen (die Joyce perspektivisch geschickt in den Erzählerbericht einsickern lässt) und in den Gesprächen, die sie miteinander führen. Joyce zeichnet diese Gespräche in

Little Chandler beschleunigte seinen Schritt. Zum ersten Mal in seinem Leben fühlte er sich den Leuten, an denen er vorüberkam, überlegen. Zum ersten Mal rebellierte seine Seele gegen die öde Uneleganz der Capel Street. Es gab keinen Zweifel: wenn man Erfolg haben wollte, mußte man fortgehen. In Dublin konnte man nichts werden.

«Eine kleine Wolke»
(Dubliner, S. 73 f.)

einer zuvor fast unbekannten naturalistischen Treue auf (schon an seinem Dramenskript *A Brilliant Career* hatte Archer bei aller Kritik die Dialoge gelobt); selbst feinste Nuancen verschiedener Sprechweisen fängt er ein, wobei er besonderes Augenmerk auf abgebrochene, fragmentarische oder nur andeutende Sätze legt – Sätze, die mehr ausdrücken, als sie aussprechen.

Dieses Prinzip der Andeutung und der indirekten Mitteilung beherrscht auch den Erzählerbericht. Gleich bei der Auftakterzählung *Die Schwestern* bedient Joyce sich des äußerst wirkungsvollen Tricks, als Erzähler ein Kind auftreten zu lassen: Der Junge berichtet Dinge, die er selbst gar nicht begreift. Dies führt zu Aussparungen im Text, zu Leerstellen, die bei der Lektüre gefüllt werden wollen. Als Joyce-Leser müssen wir lernen, aus den Erzählungen mehr herauszulesen, als die Erzähler uns sagen; wenn wir überlesen, dass *ein komischer alter Pinsel*[64], den zwei Schulschwänzer treffen, ein Päderast oder der Teller mit Erde, der der alten Jungfer Maria zu Halloween aus Jux untergeschoben wird, ein Todesvorzeichen ist, bleiben die Erzählungen unverständlich.

Beim Lesen müssen wir uns eigenständig in den Texten orientieren, wir bekommen nicht gesagt, was warum wichtig ist. Auch dies gehört zum realistischen Weltzugriff (in der realen Welt müssen wir uns ja auch zurechtfinden, ohne überall von Fremdenführern an die Hand genommen zu werden) und ist etwas, was Joyce von Ibsen gelernt hat: *Die Situation wird nicht dümmlich erklärt, sondern die Handlung hat einfach eingesetzt.*[65] Von diesem Prinzip ist schon der erste Satz der Erstfassung von *Die Schwestern* geleitet: *Drei Nächte hintereinander hatte ich mich, wie von der Vorsehung geführt, zu jener Stunde in der Great Britain Street befunden.*[66] Wir geraten in eine Situation, in der wir uns erst einmal orientieren müssen: Welches *jene Stunde* ist, verrät uns vorab niemand. In der endgültigen Fassung lautet der Eingangssatz anders: *Es gab keine Hoffnung für ihn diesmal: es war der dritte Schlaganfall.*[67]

Die Aussage klingt klarer, doch auch sie enthält Referenzen auf Details, die ausgespart sind: Wer ist die Figur, von der in der dritten Person geredet wird? Wenn es schon zwei frühere Schlaganfälle gegeben hat, warum wird nicht zuerst davon erzählt? Warum wird die Geschichte nicht von ihrem Anfang her erzählt, sondern offenbar von ihrem Ende, wie die Wendung *keine Hoffnung* signalisiert? Joyce konfrontiert uns mit etwas, bevor er uns sagt, warum er das tut; den verletzten Tom Kernan in *Gnade* beispielsweise versieht er mit einer deformierten Artikulation (*Pah, ith' nichth wei'er*) und schiebt erst einige Zeilen später die Erklärung nach (*Er sprach mit dicker Zunge*[68]). Wenn wir die Erzählungen aufmerksam und mit gutem Gehör lesen, brauchen wir solche Erklärungen freilich nicht und entdecken (ganz im Sinn der früheren Joyce'schen Vorstellungen von *Epiphanien*) hinter den unscheinbaren Alltagsszenen schließlich sogar Zusammenhänge und Strukturen, die für das Textverständnis keineswegs notwendig sind, es aber zusätzlich bereichern können. Das gilt besonders für die zuletzt entstandenen der Erzählungen: In *Arabia* lassen sich Elemente einer Gralssuche finden, *Gnade* ist lesbar als profanisierte Neuformung von Dantes «Göttlicher Komödie» mit den drei Teilen Inferno, Purgatorium und Paradies.

Damit freilich geht die Ästhetik der Texte auf Distanz zur Paralyse, von der sie erzählen. Die Erzählungen gewinnen untergründig eine Dynamik, die wesentlich von ihrer sprachlichen und formalen Struktur abhängt. In Strukturen gedacht hat Joyce bei den *Dublinern* von Anfang an. Zuerst plant er einen Zyklus von zehn, später von zwölf, dann von vierzehn Erzählungen, spiegelbildlich gegliedert in die vier Aspekte *Kindheit, Jugend, Reife und öffentliches Leben*[69]. Auch in den einzelnen Abteilungen sind die Texte genau gegeneinander austariert: So spielt die alte Jungfer Maria in *Lehm* den Gegenpart zum zölibatären Duffy in *Ein betrüblicher Fall*, und der von seiner zukünftigen Schwiegermutter eingefangene

Programm des Basars, dem die Wunschträume des Erzählers von «Arabia» gelten

Jimmy in *Die Pension* wird unaufdringlich kontrastiert mit der Titelheldin von *Eveline*, die an ihren Vater gefesselt bleibt. Mit der Hinzufügung der fünfzehnten Erzählung *Die Toten* wird dieses Schema dann aber gesprengt, zudem lässt sie sich – wie schon *Eine kleine Wolke* – nur noch bedingt mit dem Paralysekonzept in Einklang bringen, da in beiden Texten gerade die Figuren, die sich aus der irischen Paralyse befreien, stark ironisiert werden. Dafür verknüpft Joyce *Die Toten*

Dubliner unterwegs in der Grafton Street, um 1900

nachträglich durch sprachlich-leitmotivische Details mit der allerersten Erzählung, *Die Schwestern*. Auch die übrigen Texte sind bis in die kleinsten Formulierungen hinein von teils einander ergänzenden, teils kontrastierenden Motivketten durchzogen. Die ästhetische Dynamik der *Dubliner* rührt daher, dass Joyce ihnen nicht einfach einen starren Rahmen unterlegt, sondern ihre formalen Ordnungen bei der Arbeit an den Erzählungen unablässig ausbaut und verfeinert.

Die *Dubliner* sind also mehr und anderes als eine penible naturalistische Aufzeichnung alltäglichen Geschehens (oder Nicht-Geschehens) in schlichter, unprätentiöser Sprache. Joyce verwirklicht hier viele jener Qualitäten, die er zuvor dem dramatischen Werk Ibsens bescheinigt hat, und folgerichtig werden die *Dubliner* von vielen (zumal frühen) Lesern als ebenso trostlos empfunden wie Ibsens Stücke vom zeitgenössischen Publikum. Zugleich überträgt Joyce jedoch Arbeitsmethoden symbolistischer Lyrik auf seine Prosa und legt jedes sprachliche Detail so an, dass es noch etwas anderes bedeuten kann als das, was es ausspricht – jedenfalls sobald man dieses Detail mit anderen anderswo im Buch verknüpft. Solche Verknüpfungen freilich sind immer fakultativ, sie drängen sich nicht auf, sondern bleiben als Deutungs- und Rezeptionsmöglichkeiten im Hintergrund. Die ästhetische Dynamik der *Dubliner*-Erzählungen blüht im Verborgenen, sie gedeiht im Schatten der dargestellten Paralyse und trägt nur indirekt, indem sie sich nämlich der Offensichtlichkeit verweigert und die scheinbare Eindimensionalität der Texte untergräbt, zu jenem *besonderen Hauch des Verderbens*[70] bei, den sich Joyce selbst von seinen Erzählungen erhofft hat.

Triest – Porträts des Künstlers

Seelischer Selbstmord

Nach einer beschwerlichen Reise über London und Paris treffen Joyce und Nora am 11. Oktober 1904 in Zürich ein, nehmen Quartier im Gasthof Hoffnung und schlafen zum ersten Mal miteinander. Der Name ihrer Unterkunft allerdings erweist sich als trügerisch. Als Joyce am nächsten Tag die Berlitz-Schule aufsucht, ist dort keine Stelle frei, und man weiß auch nichts von der Agentur, die ihn hierher vermittelt hat. Der Schulleiter bemüht sich immerhin um den jungen Iren und schickt ihn nach einigen Tagen weiter: An der Schule in Triest (damals zu Österreich-Ungarn gehörig) sei möglicherweise etwas frei. Am Morgen des 20. Oktober trifft das Paar dort ein. Joyce lässt Nora in einem Park zurück, geht in die Stadt, gerät in einen Streit englischer Matrosen mit der Polizei, in dem er zu dolmetschen versucht, und wird gleich mitverhaftet. Erst nach Stunden kommt er wieder frei, und da stellt sich auch noch heraus, dass in Triest ebenfalls keine Stelle auf ihn wartet. Freilich ist der Besitzer der Schule, ein gewisser Almidano Artifoni, eben dabei, hundert Kilometer weiter südlich in Pola (heute Pula in Kroatien) eine zweite Berlitz-Schule zu eröffnen, für die er Joyce schließlich als Englischlehrer engagiert. Bevor das Paar am 1. November dorthin aufbricht, schreibt Joyce seinem Bruder: *Es ging uns einige Tage sehr schlecht, ich pumpte natürlich in Triest rechts, links und mittenmang.*[71]

Pola, damals Heimathafen der österreichischen Flotte, gefällt weder Joyce noch seiner Gefährtin: *Pola ist ein gottverlassener Fleck – ein maritimes Sibirien – 37 Kriegsschiffe im Hafen, auf denen es von verschossenen Uniformen wimmelt.*[72] Der Winter ist an der Adria sehr viel kälter als in Dublin, und die beiden Flüchtlinge leben in unbeheizten Unterkünften, die sie mehrfach wechseln, bis sie beim Schulleiter Alessandro Francini Bruni und dessen Frau zur Untermiete unterkommen. Joyce hat Probleme, sich mit seinem antiquierten Schulitalienisch zu verständigen; noch schlimmer ergeht es Nora, die keinerlei Kontakt bekommt und allein in der Wohnung sitzt, während Joyce Stunden hält.

In dieser desolaten Lage gelingt es Joyce immerhin, kontinuierlich an *Stephen der Held* weiterzuschreiben. *Ich möchte mehr Geld haben und mehr Freiheit, als ich im Augenblick habe,* schreibt er seinem Bruder, *und aus diesem Grunde arbeite ich an dem Roman.*[73] Nur dieser finanzielle Aspekt seines Tuns ist es, der seine Freundin anspricht: *Nora kümmert sich natürlich einen Dreck um Kunst. […] Sie möchte, daß ich mich mit dem Roman beeile und reich werde, so daß wir in Paris leben können.*[74] Nebenher legt Joyce sein *Polaer Notizbuch* an, in dem er die in Paris angestellten Überlegungen zur Ästhetik fortführt und das aus aristotelischem Gedankengut herausdestillierte Konzept mit den Denkmodellen des Thomas von Aquin verbindet: *Das Wahre und das Schöne werden geistig in Besitz genommen; das Wahre durch einen Denkvorgang, das Schöne durch Wahrnehmung, und beide Male ist daher das Verlangen, das sie zu besitzen begehrt, das intellektuelle wie das ästhetische, ein geistiges Verlangen …*[75] Das ist insofern eine Modifikation der Überlegungen aus dem *Pariser Notizbuch*, als Joyce es darin der eigentlichen Kunst ja noch verwehren wollte, ein Verlangen zu stimulieren, worauf sich auch seine Auffassung stützte, die Kunst müsse statisch sein; indem er jetzt ein *geistiges Verlangen* zulässt, dynamisiert er sein Konzept. Eine gewisse Dynamik gewinnt die Joyce'sche Ästhetik zudem dadurch, dass Joyce die angelesenen Konzepte nicht eigentlich übernimmt, sondern sich ohne Rücksicht auf den Kontext nur einzelne Formulierungen herausklaubt, mit denen er dann ganz nach eigenem Gutdünken verfährt. Diese Arbeitsmethode wird Joyce später radikalisieren: Aus dem Material fremder Texte und Gedankenkonzepte schreibt er sich einzelne Formulierungen oder auch nur Begriffe heraus, um sie je nach Bedarf zu verwenden. Joyce denkt nie in Theorien, sondern er macht sich fremdes Gedankengut zu Eigen, indem er es radikal fragmentarisiert und auf den erhaltenen Fragmenten eigene Sprachwelten aufbaut.

Ende Februar 1905 wird Joyce an die Berlitz-Schule in Triest versetzt, ebenso Francini Bruni, der vier Jahre älter als Joyce und mithin geradezu prädestiniert ist, sein neuer Freund zu werden. Triest wiederum, damals der zweitgrößte Hafen am Mittelmeer, bietet der Joyce'schen Methode, sich aus vielfältigen Quellen freimütig zu bedienen und stets das herauszupicken, was am anregendsten für ihn ist, ein ideales Umfeld, denn an kultureller, sprachlicher, ethnischer und konfessioneller Vielfalt ist die Stadt in diesen Jahren wohl kaum zu überbieten. In Triest leben überwiegend Italiener, in großer Zahl aber auch Österreicher, Ungarn und selbst Griechen; um 1900 gibt es zudem noch einen starken slawischen Bevölkerungszuzug und eine ansehnliche jüdische Gemeinde, wenngleich ein hoher Prozentsatz der Juden zum Katholizismus konvertiert. Der spezielle Dialekt der Stadt, das Triestino, ist ein Gemisch aus dem Italienischen und nicht weniger als zwölf anderen Sprachen: Armenisch, Englisch, Spanisch, Türkisch, Sizilianisch, Maltesisch, Deutsch, Ungarisch, Slowenisch, Kroatisch, Tschechisch und Griechisch.[76] Dieses babylonische Sprachengemisch kann seine Wirkung auf den späteren Autor von *Finnegans Wake* schwerlich verfehlen. Tatsächlich ist das Triestino noch in den 1930er Jahren, als die Familie Joyce längst in Paris lebt, ihr Familienidiom.

Besonders fasziniert ist Joyce von den vielen Konfessionen, die in Triest nebeneinander existieren. Regelmäßig besucht er die im neobyzantinischen Stil erbaute serbisch-orthodoxe Kirche. Triest ist zu dieser Zeit nicht nur Treffpunkt etlicher europäischer Kulturen, sondern über seinen Hafen

Im Caffè Bizantino in Triest gehört James Joyce zu den Stammgästen.

zudem mit den Kulturen des Nahen Ostens verbunden, und in der Namenswahl des «Caffè Orientale» oder gar des Bordells «Villa Orientale» spiegelt sich eine diffuse Schwärmerei für exotische Länder, die auch Joyce nicht fremd ist.[77]

Triest liegt wie Dublin an einer Bucht unter Hügeln, doch durch das mediterrane Bevölkerungsgemisch und die latent orientalischen Züge seiner Kultur musste es Joyce wie ein Gegenbild seiner Heimatstadt erscheinen, und so baut er Details dessen, was er hier sieht, als Gegenentwurf zur diagnostizierten Paralyse in die *Dubliner*-Erzählungen ein, die er in Triest schreibt oder überarbeitet. In der Endfassung von *Die Schwestern* beispielsweise findet sich als Traum des Erzählers eine Szene wieder, die Joyce im griechisch-orthodoxen Gottesdienst erlebt hat: *Ich erinnerte mich, daß ich lange Samtvorhänge und eine hin- und herschwingende Lampe von altertümlicher Art gesehen hatte. Ich hatte das Gefühl, daß ich sehr weit weg gewesen wäre, in einem Land mit fremden Bräuchen – in Persien, dachte ich …* [78]

Die Faszination für den neuen Lebensraum wird freilich für Joyce und mehr noch für Nora durch ihre Lebensumstände konterkariert. Joyce verdient an der Berlitz-Schule weniger, als die beiden zum Leben brauchen; Nora ist depressiv und zudem schwanger, weswegen das Paar von mehreren Vermietern vor die Tür gesetzt wird. Joyce flüchtet sich aus der häuslichen Depression und beginnt heftig zu trinken, vor allem in billigen Spelunken, in denen er mit Matrosen und Arbeitern sozialistisches Gedankengut diskutiert. Das Paar gewöhnt sich trotz der finanziellen Engpässe um diese Zeit auch schon an, täglich auswärts zu essen; erst 1907 wird Nora über eine notdürftige eigene Küche verfügen.

Am 27. Juli 1905 wird der Sohn Giorgio geboren. Joyce gibt täglich acht Stunden Unterricht an der Berlitz-Schule, dazu bald auch noch Privatstunden, kann dennoch die junge Familie kaum ernähren und entwickelt ein fragiles System aus Gehaltsvorschüssen, Borgerei und Gläubigervertröstungen, das er während des nächsten Jahrzehnts perfektionieren wird. Die Arbeit an *Stephen der Held* kommt zum Erliegen, und er überlegt, diesen einengenden Lebensumständen zu entfliehen: *Sobald ich mich davon überzeugt habe, daß diese Art Leben für mich seelischer Selbstmord ist, werde ich mir alles und jeden aus dem Wege schaffen, wie ich das schon früher getan habe. Allerdings tue ich mein Möglichstes, so zu leben, daß ich die wenigen Menschen, für die ich et-*

Wenn Du auf meine Beziehungen zu Freunden und Verwandten zurückblickst, wirst Du feststellen, daß es ein jugendlich übertriebenes Mißbehagen an den Verhältnissen war, das mich dazu trieb, ihre Falschheit mir gegenüber herauszustreichen, um das als Vorwand für meine Flucht zu benutzen.

Joyce an seinen Bruder, Mai 1905
(Briefe I, S. 197)

was empfinde, nicht unglücklich mache.[79] Joyce spielt mit dem Gedanken, Nora zu verlassen, auch wenn er weiß, dass keineswegs sie allein an seiner Zwangslage schuld ist: *Ich muß sagen, es ist für eine Frau schwer, mit jemandem wie mir fertigzuwerden, aber andererseits habe ich nicht die Absicht, mich zu ändern.*[80]

Zwei Ereignisse im Oktober 1905 bringen Joyce auf andere Gedanken. Zunächst ergibt sich ein Kontakt zu dem Londoner Verleger Grant Richards, der an den *Dublinern* interessiert ist; Joyce wendet sich mit neuem Elan den Erzählungen zu und schreibt mehrere neue. Ende des Monats dann vergrößert sich der Joyce-Haushalt um Stanislaus, den Joyce hat überreden können, der Misere daheim zu entfliehen und ebenfalls eine Stelle an der Berlitz-Schule in Triest anzutreten. Von nun an trägt Stanislaus Joyce die finanzielle Hauptlast des Haushalts und bezahlt Miete, Lebensmittel und Kleidung; James Joyce hingegen gibt sein Geld mehr denn je für Bücher, Theater- und Opernbesuche, Trinkgelage und das tägliche Essengehen aus. Die finanzielle Lage entspannt sich keineswegs.

Stanislaus Joyce
in Triest

Im Frühjahr 1906 wird die Hoffnung, die *Dubliner* bald im Druck zu sehen, durch Einwände des Verlegers gegen etliche Textdetails getrübt. Sein Drucker, so Grant Richards, habe ihn auf die Anstößigkeit der Erzählung *Zwei Kavaliere* und einiger Formulierungen in *Entsprechungen* aufmerksam gemacht, Joyce möge das bitte entschärfen. Joyce weigert sich mit dem (taktisch unklugen) Argument, diese Erzählungen seien nicht anstößiger als andere. Es entspinnt sich ein langwieriger und immer fruchtloserer Briefwechsel zwischen Richards, der immer neue Textänderungen fordert, und Joyce, der darauf beharrt, er habe sein Buch *mit beträchtlicher Sorgfalt unter hunderten von Schwierigkeiten und nach Maßstäben geschrieben, in denen ich die klassische Tradition meiner Kunst sehe*[81], und es sich nicht von verlegerischen Skrupeln kaputtmachen lassen will.

Als zudem die Stelle an der Berlitz-Schule in Gefahr zu sein scheint und Nora droht, ihn seiner ständigen Trinkerei wegen zu verlassen, zieht der frustrierte Joyce die Notbremse und bewirbt sich bei einer Bank in Rom um eine besser dotierte Stelle, von der er meint, sie lasse ihm mehr Zeit zum Schreiben. Ende Juli 1906 zieht Joyce mit Nora und dem kleinen Giorgio nach Rom, wo es ihm freilich gar nicht gefällt: *Rom kommt mir vor wie ein Mann, der davon lebt, daß er die Leiche seiner Großmutter für Reisende zur Schau stellt.*[82] Rom hält er für *das blödeste alte Hurenloch von allen Städten*[83]; er vermisst die Cafés von Triest, die Gespräche mit Stanislaus Joyce und seine gewohnten Stadtwanderungen, zu denen ihm keine Zeit bleibt, weil er bis abends in der Bank arbeitet. Da das Geld auch in Rom nicht reicht, gibt er in der kargen Freizeit auch noch Sprachunterricht; seinen Bruder, der kritisiert, er vernachlässige die Arbeit an seinem Roman, raunzt er an: *Du glaubst doch selber nicht, daß ich im Augenblick würde weiterschreiben wollen. Ich habe durchaus genug geschrieben, und bevor ich damit weitermache, muß ich wenigstens einen gewissen Grund dazu sehen – ich bin kein Jesus Christus der Literatur.*[84]

Ende Oktober 1906 steht fest, dass Grant Richards die *Dubliner* nicht publiziert. Dass sich gleichzeitig ein Verleger für Joyce' Gedichtband *Kammermusik* findet, tröstet ihn wenig, denn er *mag das Buch nicht*[85] und bekennt, an einer Seite der Erzählung *Eine kleine Wolke* habe er *mehr Freude als an allen meinen Versen. Ich bin froh, daß die Gedichte veröffentlicht werden sollen, weil sie ein Dokument meiner Vergangenheit sind, aber ich bedaure, daß die Jahre vorübergehen*[86], denn die Gedichte stammen alle noch aus seiner Zeit in Dublin. Die Anordnung des Bandes überlässt er Stanislaus Joyce, und erst später wird er doch noch Gefallen an dem Band finden und Vertonungen anregen. In der Tat besteht der größte Vorzug dieser leicht sentimentalen Verse, die gelegentlich an elisabethanische Liebeslieder erinnern, in ihrer Singbarkeit. Knapp 150 Komponisten haben mittlerweile Gedichte aus *Kammermusik* vertont: von Geoffrey Molyneux Palmer, der ab 1909 insgesamt 32 der Gedichte in Musik setzt, bis zum früheren Pink-Floyd-Gitarristen Syd Barrett, der *Golden Hair* 1969 auf seiner Debüt-LP aufnimmt.

In Rom erlebt Joyce sowohl einen Sozialistenkongress als auch das Wirken des Vatikans hautnah mit, und beides veranlasst ihn, seine irische Heimat mit etwas anderen Augen zu sehen. Die fatale Rolle der Kirche wird ihm klarer denn je, und bewusster denn je nimmt er wahr, dass das Heil nicht im Nationalismus liegen kann: *Wogegen ich [...] am heftigsten bin, ist das Bestreben, das irische Volk nach dem alten Schmus von Rassenhaß erziehen zu wollen, während doch jeder sehen kann, daß die irische Frage, wenn es überhaupt eine gibt, in erster Linie eine Frage ist, die das irische Proletariat betrifft.*[87] Vielleicht eines diffusen Heimwehs wegen, das ihn im ungeliebten Rom überfällt, beginnt Joyce irische Zeitungen zu lesen und wünscht sich: *Ich hätte gern einen Stadtplan von Dublin an der Wand. Ich glaube, ich werde allmählich so etwas wie ein Besessener.*[88] Diese neue Besessenheit für alles Irische mildert die Schärfe seines früheren Urteils: *Wenn ich manchmal an*

Irland denke, will es mir scheinen, als wäre ich unnötig streng gewesen. Ich habe (in «Dubliners» wenigstens) nichts, was an der Stadt anziehend ist, gestaltet, und habe mich doch, seit ich sie verließ, außer in Paris in keiner anderen Stadt wohlgefühlt. Ich habe ihre freimütige Insularität und ihre Gastfreundschaft nicht gestaltet. Die letztgenannte ‹Tugend› gibt es, soweit ich sehe, nirgends sonst in Europa.[89] Die Umsetzung dieser veränderten Einstellung ist die lange und komplexe Erzählung *Die Toten*, die Joyce in Rom entwirft; auch andere neue *Dubliner*-Erzählungen überlegt er sich, darunter eine namens *Ulysses*, deren Hauptfigur ein Mann namens Alfred H. Hunter sein soll, den Joyce fälschlich für einen Juden hält.

In Rom jedoch ist Joyce schreibunfähig: *Es ist Monate her, daß ich eine Zeile geschrieben habe, und selbst das Lesen ist mir verleidet. Der Sozialismus und alles andere, wofür ich mich interessierte, ist mir gleichgültig geworden.*[90] In den Zeitungen liest er von den Karrieren seiner früheren Freunde in Dublin, die er selbst doch längst hätte überflügeln wollen – *Und hier sitz ich (den das, was sie schreiben und wie sie leben, ankotzt) und schreibe wie ein armer Irrer zehn Stunden am Tag Briefe, mit der geringen Chance, es drei schlecht gelaunten Bankiers recht zu machen und sie dazu zu bewegen, mich meine Stellung behalten zu lassen.*[91] Frustriert kündigt Joyce schließlich seine Stelle; mit dem letzten Lohn in der Tasche wird er zu allem Überfluss auch noch überfallen und ausgeraubt; mittellos taucht er im März 1907 mit Sohn Giorgio und der wiederum schwangeren Nora beim entsetzten Bruder in Triest auf.

Giacomo Joyce

Seine Stelle an der Berlitz-Schule erhält er zunächst wieder, kündigt sie dann aber, als die Schulleitung wechselt. Hauptsächlich gibt er Privatstunden, durch die er Kontakte zur besseren Gesellschaft Triests knüpfen kann. Einer seiner Schüler ist Roberto Prezioso, der Herausgeber der Zeitung «Il Piccolo della Sera»; er fordert Joyce auf, Artikel über Irland für ihn zu schreiben. Gleichzeitig vermittelt Francini Bruni Joyce die Möglichkeit, Vorträge in der italienischsprachigen Volkshochschule zu halten. Im April verliest Joyce, der sich zu dieser Gelegenheit einen Anzug leihen muss, seinen Einstandsvortrag *Irland, Land der Heiligen und Weisen*, und gleichzeitig erscheinen im «Piccolo della Sera» erste Artikel zur irischen Politik. Die Zeitung gilt als Sprachrohr italienischer Nationalisten, und Joyce' sozialistische Freunde reagieren befremdet, doch den nationalistischen Eiferern, die den Freiheitskampf Irlands als Parallele zu ihrem eigenen Bemühen um die Herauslösung aus der österreichisch-ungarischen Doppelmonarchie begreifen wollen, macht Joyce es auch nicht recht. Zwar klagt er den britischen Kolonialismus an, erklärt *das heutige irische Volk* aber gleichzeitig für *rückständig und inferior*. Joyce verbreitet sich lobend über *Iren [...], die die Fackel des Wissens von Land zu Land trugen, als Pilger und Eremiten, als Gelehrte und Propheten*, erklärt hingegen kategorisch: *Keiner, der etwas Selbstachtung hat, bleibt in Irland*.[92]

Im Sommer fesseln schwer wiegende Gesundheitsprobleme Joyce eine Weile ans Haus: Er leidet unter akutem Gelenkrheumatismus und Problemen mit den Augen, deren Iris entzündet ist. Diese Probleme werden immer wieder auftreten, dazu Verdauungsstörungen, Magen- und Rückenschmerzen, Neuralgien und Erschöpfungszustände. Joyce hat seine Augenleiden später auf die unbehandelten Zahnprobleme in Paris zurückgeführt; inzwischen ist zudem die These ins Spiel gebracht worden, all das seien Folgen einer geheim gehaltenen Syphilis[93]. Dagegen spricht, dass Stanislaus Joyce (der es hätte wissen müssen) in seinem Tagebuch zum Thema Syphilis festhält: «Es ist ein Wunder, wie Jim dem in Dublin entgangen ist, wo in sexuellen Dingen eine so universelle Unwissenheit herrscht.»[94]

Am 26. Juli kommt die Tochter Anna Lucia zur Welt. Die Lage der Familie wird dadurch nicht besser: Nora ist übellaunig, wirft Joyce vor, zu viel zu trinken und nicht für seine

Familie zu sorgen, droht schließlich gar, ihn zu verlassen. Immerhin gelingt es Joyce in diesem Jahr, seine Erzählung *Die Toten* fertig zu stellen, und um ihre Wirkung zu testen, liest er sie einem seiner Schüler vor, dem Fabrikanten Ettore Schmitz, einem sechsundvierzigjährigen Herrn aus jüdischer Familie, der zum Katholizismus konvertiert ist, als er seine Frau Livia heiratete. Schmitz zeigt sich sehr beein-

Ettore Schmitz (Italo Svevo) mit seiner Frau Livia und Tochter Letizia im Jahr 1900

Die Synagoge von Triest

druckt von Joyce' Erzählung und bekennt, früher selbst auch geschrieben, es aber dann wegen anhaltender Erfolglosigkeit aufgegeben zu haben. Joyce lässt sich die beiden Romane geben, die Schmitz unter dem Pseudonym Italo Svevo veröffentlicht hat, und lobt ihn in höchsten Tönen: *Wissen Sie, daß Sie ein verkannter Schriftsteller sind?*[95] Schmitz ist so gerührt, dass er wieder zu schreiben beginnt; zum Dank beantwortet in den nächsten Jahren all die vielen Fragen zur jüdischen Kultur, die Joyce ihm stellt.

Und auch Joyce findet endlich zu seinem Roman zurück, den er nun als *Ein Porträt des Künstlers als junger Mann* völlig umschreibt, dabei von geplanten 63 Kapiteln auf fünf verkürzt und auch sprachlich und stilistisch strafft. Bis zum April 1908 schließt er die ersten drei Kapitel ab, dann allerdings legt er den Roman wieder zur Seite, weil alle Versuche, für die *Dubliner* einen Verlag zu finden, scheitern: *Warum soll ich meinen Kopf mit Schreiben belasten, wenn doch niemand publizieren will, was ich schreibe?*[96]

Im Herbst 1908 beschließt Joyce, die Schriftstellerei ganz aufzugeben und doch noch eine Karriere als Sänger anzustreben. Er verkauft sogar einige seiner Bücher, um Gesangsunterricht am Conservatorio Triestino zu nehmen. Mit Mühe gelingt es Stanislaus Joyce, ihn davon abzubringen.[97] Zum Dank für solche und andere Dienste stellt Joyce seinem Bruder in Aussicht, im nächsten Jahr vielleicht Giorgio nach Dublin begleiten zu dürfen, um ihn der Verwandtschaft vorzustellen. Als es im Juli 1909 so weit ist, reist Joyce dann freilich doch selbst. Die Heimat gefällt ihm zwar nicht (*Dublin ist eine widerwärtige Stadt, und die Leute finde ich ganz abscheulich*[98]), doch mit dem Verlag Maunsel & Co. schließt er einen Vertrag über die *Dubliner*. Zur Katastrophe kommt es, als Joyce seinem alten Kumpel Cosgrave über den Weg läuft, der ihm erklärt, damals im Juni 1904 habe Nora auch mit ihm eine Affäre gehabt. Joyce bricht zusammen und schreibt Nora einen vorwurfsvollen Brief: *Ich sehe immer nur Dein Gesicht, wie es sich damals einem anderen entgegenstreckte. […] Schreib mir, Nora, ich habe nur Dich geliebt: und Du hast meinen Glauben an Dich zerbrochen.*[99]

Er spaziert, weil er von nichts angehalten wird. Ich glaube, wenn eine hohe, riesige Mauer seinen Weg verstellte, er würde nicht im geringsten erschrecken. Er würde einfach die Richtung ändern, und wenn sich die neue Richtung auch nicht als frei erwiese, so würde er sie nochmals ändern und auf den Händen gehen, einzig von der natürlichen Bewegung des ganzen Körpers geschüttelt, und seine Beine würden funktionieren ohne die geringste Anstrengung, seine Schritte zu verlängern oder zu beschleunigen.
Ettore Schmitz (Italo Svevo) über Joyce als Stadtwanderer (Ellmann, S. 414)

In seiner Not besucht Joyce den alten Freund Byrne in dessen Wohnung in der Eccles Street 7. Byrne richtet den am Boden zerstörten Joyce auf, indem er ihm versichert, Cosgrave habe ihn angelogen, um sich an ihm zu rächen (vielleicht weil Joyce ihm in seinem Roman den grässlichen Namen Lynch gibt). Joyce, schnell überzeugt, entschuldigt sich bei Nora: *Sag nur ein Wort zu mir, Liebste, ein Wort, daß alles nicht wahr ist, und o, wie wird mich das Glück beflügeln!*[100] Nora quittiert das mit Schweigen.

Nach einem kurzen Abstecher in Noras Heimatstadt Galway kehrt Joyce schließlich nach Triest zurück, im Schlepptau seine Schwester Eva, die er vor den Zuständen im Elternhaus retten will, von der er sich aber auch Hilfe im Haushalt für Nora verspricht. Eva Joyce gefällt weder Triest noch der (wie sie meint) unmoralische Lebensstil von James und Nora, nach zwei Jahren wird sie deswegen zurückgehen. Begeistert ist sie allerdings von den vielen Kinos in Triest, da es in Dublin noch gar keines gibt, und als Joyce das hört, wittert er ein Geschäft und reist im Oktober erneut nach Dublin, um mit dem Geld Triestiner Geschäftsleute dort ein Kino zu eröffnen. Da es Nora verdrießt, schon wieder allein gelassen zu werden, schreibt Joyce ihr flammende Liebesbriefe, aus denen sich ein leidenschaftlich-obszöner Briefwechsel entwickelt. Zu Weihnachten fleht Joyce Nora an: *Beschirme mich, Liebe, vor Leid! Ich bin zu kindlich und impulsiv, um allein leben zu können. Hilf mir, Liebe, bete für mich! Liebe mich! Denk an mich! Ich bin so hilflos heutnacht, hilflos, hilflos!*[101] Es ist offensichtlich, dass Joyce in Nora nicht zuletzt eine Wiederauferstehung der eigenen Mutter sucht.

Anfang Januar 1910, nachdem das Kino seinen Betrieb aufnimmt, kehrt Joyce nach Triest zurück, doch wohl etwas übereilt: Kurz danach ist der Betrieb pleite. Joyce ist um eine Enttäuschung reicher, freilich auch um die Vertrautheit mit einer neuen Kunstform, deren Szenen- und Schnitttechnik auf sein eigenes Werk abfärben wird. Von der zweiten Dublin-Reise kehrt er mit einer weiteren Schwester zurück: Eileen. Stanislaus Joyce missfällt das, er zieht schließlich in eine eigene Wohnung und droht in den nächsten Jahren mehrmals damit, dem Haushalt des Bruders seine Unterstützung zu entziehen. Dem sparsamen Stanislaus Joyce ist klar, dass James und Nora gut über die Runden kommen könnten, wenn sie nicht ständig außer Haus essen würden.

Ab Herbst 1910 gibt Joyce drei Wochenstunden Englisch an einer Abendschule, dazu weiterhin Privatstunden. Die erhoffte *Dubliner*-Veröffentlichung verzögert sich endlos, Joyce ist missmutig, schreibt nichts und steckt bei einem Streit mit Nora das Manuskript seines Romans in den Ofen; Eileen kann es gerade noch retten. Schließlich überlegt sich Joyce, in Italien als Lehrer zu arbeiten, und unterzieht sich im April 1912 in Padua der Prüfung fürs Lehrerdiplom. In der Italienischprüfung muss er einen Aufsatz zum Thema *Der weltweite literarische Einfluss der Renaissance* schreiben und betont darin den Aufbruch in neue Welten: *[...] die menschliche Seele erlag womöglich der Faszination des Unbekannten; vernahm die Stimme der sichtbaren, greifbaren, instabilen Welt, in der man lebt und stirbt, sündigt und bereut.*[102]

Im Sommer schickt Joyce Nora und Lucia zur Erholung nach Galway; gleichzeitig soll Nora in Dublin auf die Veröffentlichung der *Dubliner* drängen. Als er einige Tage ohne Nachricht ist, beginnt Joyce zu jammern: *Gestern nacht hatte ich Angst, mich niederzulegen. Ich dachte, ich würde im Schlaf sterben. Ich habe Georgie dreimal aufgeweckt aus Angst vor dem Alleinsein.*[103] Schnell schnorrt er sich das Reisegeld zusammen und reist Nora nach. Die ganze Familie verbringt ein paar schöne Wochen im Westen Irlands, was für Joyce eine ganz neue Erfahrung ist; gesundheitlich geht es ihm bestens, er rudert und radelt. Um an seinen Ferien auch etwas zu verdienen, schreibt er für den «Piccolo della Sera» zwei oberflächliche Artikel über Galway und die Aran-Inseln; ein dritter (über Guglielmo Marconi, der im Moor bei Clifden die erste transatlantische Funkstation aufgebaut hat) kommt nicht zustande.[104]

Der Urlaub endet unerquicklich, als Maunsel & Co. sich schließlich weigern, die *Dubliner* zu verlegen. Der Drucker erhebt Einspruch gegen unzählige Textdetails, die angeblich zu Verleumdungsklagen durch die dort erwähnten Kneipen führen könnten, und vernichtet schließlich die fertigen

Druckbögen; nur mit einem Trick gelingt es Joyce, ein Exemplar zu erhalten. Er sieht sich am Boden zerstört: *Alles scheint vor mir dahingeschmolzen zu sein, Geld, Hoffnung und Jugend.*[105] Er ist überzeugt, dass *gewisse Kräfte in Irland sich vorsätzlich verschworen haben, mich zum Schweigen zu bringen.*[106] Solange die *Dubliner* nicht veröffentlicht sind, fehlt ihm alle Kraft, wieder an seinem Roman zu arbeiten, stattdessen hält er im Winter 1912/13 eine zwölfteilige «Hamlet»-Vorlesung in der Volkshochschule, was ihm nur bescheidenen lokalen Ruhm, schließlich aber auch eine Lehrerstelle an der Höheren Handelsschule einträgt.

Im Herbst 1913 wird Nora von Roberto Prezioso, der ein stadtbekannter Gigolo ist, der Hof gemacht, bis er ihr zu aufdringlich wird und sie Joyce bittet, seinen Duzfreund zur Rede zu stellen. Diese seltsame Affäre scheint bis zu einem gewissen Grade von Joyce geduldet worden zu sein, der auf diese Weise Material für spätere Bücher sammelt. Zu dieser Zeit schreibt er zudem einen aus kurzen Prosaskizzen bestehenden Text betitelt *Giacomo Joyce*, der vermutlich die Frucht seiner Schwärmerei für eine oder mehrere seiner Schülerinnen ist. Als Sprachlehrer ist Joyce mit einem Frauentyp in Kontakt gekommen, der ihm zuvor gänzlich fremd war: Er unterrichtet emanzipierte junge Damen, die sich sport- und modebewusst geben, aber auch kulturell interessiert sind. Einen Namen trägt die heimliche Geliebte in *Giacomo Joyce* nicht. Als reale Vorlage ist vor allem eine gewisse Amalia Popper vermutet worden, die freilich zur fraglichen Zeit schon in Florenz studiert[107]; wahrscheinlich hat Joyce mehrere Frauen zu einer fiktiven Gestalt verbunden. Wichtiger als der autobiographische Hintergrund ist ohnehin, dass der Text um den Impuls kreist, alle Außenwelt in Literatur zu überführen: *Was also? Schreibs auf, verdammt, du, schreibs auf! Wozu taugst du denn sonst?*[108]

Giacomo Joyce ähnelt, insofern der Text flüchtige Momente in scharf beobachteten Einzelszenen einzufangen sucht, ein wenig den früheren *Epiphanien*, und auch sonst scheint sich Joyce um 1913 in einer künstlerisch ähnlich desorientierten Lage befunden zu haben wie ein Jahrzehnt zuvor. Nach langer Pause schreibt er wieder einige Gedichte, zudem entsteht das Theaterstück *Verbannte*, das zumeist autobiographisch gelesen wird: als Joyce'scher Versuch, sich auszumalen, wie er und Nora leben würden, wenn sie nach Irland zurückkehrten. Das ist aber allenfalls ein Nebenaspekt. *Verbannte* schildert ein Experiment, das der Protagonist Richard mit seiner Lebensgefährtin Bertha und seinem alten Freund Robert, der Bertha verführen will, anstellt. Richard gewährt Bertha *völlige Freiheit*[109] und überfordert sie gerade dadurch in ihren Entscheidungen; am Ende sieht sich Richard der Ungewissheit ausgesetzt, nie erfahren zu können, was zwischen Bertha und Robert vorgefallen ist. Gerade diese Ungewissheit sucht Richard freilich, wiewohl sie ihm Angst macht: Gewissheiten laufen auf Erstarrung und lähmende Konventionen hinaus, die er ablehnt.

Das Problem an *Verbannte* ist, dass dieses Stück die Ungewissheit, von der es handelt, formal nicht umsetzt: Es gleicht (auch in seinem von Ibsen inspirierten Pseudo-Realismus) zu sehr einer starren Versuchsanordnung, um als eigenständiges Kunstwerk lebensfähig zu sein. Womöglich hat Joyce versucht, in einer Lebenssituation, in der ihm alles zu entgleiten droht, sein Denken in eine schablonenhafte Form zu bringen, die ihm eigentlich widerstrebt. «Joyce ist durch und durch dissonant», so beschreibt ihn Francini Bruni: «In seinem Kopf schwirrt es von dissonanten und unverbundenen Ideen. Dennoch herrscht darin eine vollkommene Ordnung. Wenn da Chaos ist, ist es in seiner Seele. Man muss ihn nehmen, wie er ist.»[110]

Der Gefahr, in Triest doch wieder einer Paralyse anheim zu fallen, wie er sie von Dublin kennt, entgeht Joyce durch zwei Briefe, die ihn Ende 1913 erreichen. Zum einen meldet sich Grant Richards bei ihm, der immer noch ein schlechtes

James Joyce, 1914

Gewissen hat und die *Dubliner* nun doch publizieren will. Binnen kurzem wird der alte Vertrag wieder in Kraft gesetzt, wenige Monate später erscheint dann endlich das Buch, auf dessen öffentlichen Auftritt Joyce so lange vergeblich gewartet hat. Zum andern erhält Joyce kurz vor Weihnachten 1913 ein Schreiben von einem ihm völlig unbekannten Mann namens Ezra Pound, der Joyce in Aussicht stellt, ihn an diverse Zeitschriften beiderseits des Atlantiks vermitteln zu können: «Mr. Yeats hat mir von Ihren Arbeiten erzählt. [...] Da ich keinen Schimmer habe, was Sie zur Zeit für Sachen schreiben, kann ich mich zunächst nur bereit erklären zu lesen, was Sie schicken.»[111] Joyce schickt ihm das erste Kapitel seines Romans und die *Dubliner*. Postwendend antwortet Pound: «Eigentlich ist ja die Prosa nicht mein Fach, aber Ihren Roman halte ich für eine Pfundssache – [...].»[112] Ähnliches Lob von Wyndham Lewis und Ford Madox Ford übermittelt er gleich auch noch. Praktisch von einem Moment auf den nächsten steht Joyce mit der kompletten literarischen Avantgarde in England in Verbindung. Der amerikanische Lyriker Ezra Pound ist erst kurz zuvor mit dem Ziel nach Europa gekommen, neue bedeutende Autoren zu entdecken; Joyce ist sein erster großer Fund, der nächste wird kurz darauf T. S. Eliot.

Schon ab Februar 1914 wird *Ein Porträt des Künstlers als junger Mann* im «Egoist» vorabgedruckt, einer feministisch-sozialistisch angehauchten Zeitschrift, deren Herausgeberschaft kurz darauf Harriet Shaw Weaver übernimmt. Gleichzeitig stürzt sich Joyce in die Arbeit, um seinen Roman rasch zu Ende zu bringen. Nachdem am 28. Juli Österreich-Ungarn dem Nachbarn Serbien den Krieg erklärt, werden die Lebensumstände in Triest allerdings prekär. Im September verliert Joyce kriegsbedingt seine Stelle an der Handelsschule, zudem sind viele seiner Privatschüler eingezogen worden. Im Januar wird Stanislaus Joyce, der mit seinen Sympathien für die italienischen Nationalisten nicht hinter dem Berg hält, von den Behörden interniert; Eileen Joyce heiratet im Mai

Joyce' früheren Schüler Frantisek Schaurek und zieht mit ihm nach Prag. Joyce selbst genießt den Schutz einflussreicher Schüler, doch nach dem Kriegseintritt Italiens sieht er sich gezwungen, Triest zu verlassen. Am 27. Juni 1915 bricht er mit seiner Familie nach Zürich auf. Obwohl er britischer Staatsbürger und damit Angehöriger eines Kriegsgegners ist, lassen die österreichischen Behörden ihn unter dem Versprechen ausreisen, nicht an Kriegshandlungen teilzunehmen; zur Sicherheit wird ihm allerdings noch ein Spion hinterdreingeschickt, der ihn in Zürich in der Verkleidung eines Sprachschülers auszuhorchen versucht.[113]

Unrast: «Ein Porträt des Künstlers als junger Mann»

Die wichtigste Frucht der Jahre in Triest ist zweifellos der Roman *Ein Porträt des Künstlers als junger Mann.* 1904 in Dublin hat Joyce dessen erste Fassung *Stephen der Held* begonnen, 1905 in Triest die erhalten gebliebenen Universitätskapitel dieser Erstfassung geschrieben, aus denen anschaulich hervorgeht, dass der autobiographische Roman zunächst eine Art Rechtfertigungsschrift werden sollte. *Stephen der Held* ist (ganz im Gegensatz zum *Porträt* später) in einem räsonierenden und analytischen Erzählstil gehalten. Um eine unveränderte Überführung des eigenen Lebens in Literatur geht es dennoch nicht; Stanislaus Joyce hält schon sehr früh fest: «Es wird eine verzerrte Autobiographie, und gleichzeitig eine wüste Satire.»[114] Nicht ohne Selbstironie ist es, dass Joyce der fiktiven Umsetzung seiner selbst den für einen Dubliner völlig unplausiblen Namen Stephen Daedalus gibt und diesem jungen Mann mehr als arrogante Aussagen in den Mund legt: *Mein eigener Geist [...] ist für mich interessanter als das ganze Land.*[115] Wie *Dubliner* ist auch *Stephen der Held* gegen das diagnostizierte irische *Aufderstelletreten*[116] gerichtet, es hält der *irischen Paralyse*[117] die Selbstbildung eines Künstlers entgegen, der zielstrebig seinen eigenen Weg geht.

Joyce unterstreicht die Isolierung Stephens, indem er seine Mitstudenten als Trottel zeichnet: Francis Skeffington, den Joyce immerhin einmal als *intelligentesten Menschen in St. Stephens College, nach mir selbst*[118] empfunden hat, gestaltet er zur Karikatur eines *ernsthaften jungen Feministen namens McCann*[119] um, Thomas Kettle findet im Text überhaupt keine Entsprechung, und als Spitzen des intellektuellen Niveaus unter Dubliner Studenten werden Clancy (fiktionalisiert als Davin), Byrne (Cranly) und Cosgrave (Lynch) dargestellt. So gewinnt Stephen mühelos eine Überlegenheit über alle seine Kommilitonen, die Joyce selbst für sich nicht unbedingt hat beanspruchen können.

Während Joyce an *Stephen der Held* schreibt, erläutert er Stanislaus: *Es wäre für mich leicht, kurze Romane zu machen, wenn ich wollte, aber was ich in diesem Roman abtragen will, kann nicht abgetragen werden, wenn man nicht einfach alles aufführt.*[120] Diese Formulierung zeigt unmissverständlich, dass *Stephen der Held* nicht primär als eigenständiges literarisches Werk angelegt ist, sondern als persönliche Vergangenheitsbewältigung. Als Joyce dann Jahre später den Roman als *Ein Porträt des Künstlers als junger Mann* neu schreibt, spielt dieser Aspekt keine Rolle mehr, und deswegen wird nun auch nicht mehr *einfach alles* aufgeführt, sondern die Charakterbildung des Protagonisten anhand knapper Einzelszenen sinnfällig gemacht. Der räsonierende und analysierende Erzähler tritt ganz zurück, ein Verfahren, das im Schlussteil des Romans ausdrücklich beschrieben wird: *Der Künstler, wie der Gott der Schöpfung, bleibt in oder hinter oder jenseits oder über dem Werk seiner Hände, unsichtbar, aus der Existenz hinaussublimiert, gleichgültig, und manikürt sich die Fingernägel.*[121] Durch dieses Verfahren gewinnt der Roman eine Direktheit und perspektivische Unmittelbarkeit, die uns von der ersten Zeile an in das Bewusstsein des Helden hineinzieht.

Dass dieses Bewusstsein vor allem als Sprache umgesetzt wird, macht die Eingangspassage des Romans deutlich: *Es*

Kommilitonen am University College in Dublin:
George Clancy, J. F. Byrne, James Joyce, die Vorbilder
für Davin, Cranly und Dedalus, um 1900

war einmal vor langer Zeit und das war eine sehr gute Zeit da war eine Muhkuh die kam die Straße herunter gegangen und diese Muhkuh die da die Straße herunter gegangen kam die traf einen sönen tleinen Tnaben und der hieß Tuckuck-Baby … [122] Die Sprache des Helden (er heißt jetzt, etwas weniger unwahrscheinlich, Stephen Dedalus) schlägt also unmittelbar auf den Erzählstil durch, der sich in dem Maße verändert, in dem der Junge älter wird. In *Stephen der Held* hat Joyce, um Einblicke in dessen Bewusstsein zu geben, noch zu Formeln wie *Er gewann die Überzeugung […] und er glaubte* [123] gegriffen, zudem in gleicher Weise auch die Gedanken anderer Figuren referiert; im *Porträt* hingegen erleben wir alles aus der Perspektive Stephens, ohne dass uns dies allerdings umständlich erklärt würde. Stephens Gedanken werden statt in direkter («Er dachte: Mutter riecht schöner als Vater») oder indirekter Rede («Er fand, dass seine Mutter schöner roch als sein Vater») zumeist in erlebter Rede wiedergegeben, einer diffizilen Technik, die den Abstand zwischen Wahrnehmungs- und Erzählperspektive unmerklich verringert: *Seine Mutter roch schöner als sein Vater.*[124] Vermutlich hat Joyce diese Technik bei Gustave Flaubert abgeschaut, mit dessen Werk er schon um die Jahrhundertwende vertraut war.

In dem Maß, in dem Stephens Welt größer wird, weitet sich auch der sprachliche und perspektivische Horizont des Erzählens. Sinnbildlich dafür steht der Eintrag Stephens in seinem Geographiebuch: *Stephen Dedalus / Elementarklasse / Clongowes Wood College / Sallins / County Kildare / Irland / Europa / Die Welt / Das All.*[125] Hieraus folgt eine Dynamik, die sich als expansive Progression begreifen lässt. Joyce legt seinen Roman aber nicht linear an wie die Frühfassung *Stephen der Held*, sondern baut auch eine gegenläufige Bewegung ein, die Stephen beim Blick ins Geographiebuch ebenfalls einfängt: *Dann las er das Vorsatzblatt von unten nach oben, bis er zu seinem Namen kam. Das war er: und er las die Seite wieder herunter.*[126]

Er hält das «Porträt» für eine «Pfundssache»: Ezra Pound

Seinen kompletten Roman legt Joyce im rhythmischen Wechsel zwischen Expansion und Kontraktion an. Am Schluss jedes einzelnen Kapitels erlebt Stephen eine Befreiung, einen Moment des Glücks oder der Freude, der freilich im nachfolgenden Kapitel wieder negiert wird. Kapitel I endet damit, dass der Rektor Stephen gegen den ungerecht strafenden Pater Dolan ins Recht setzt: *Er war allein. Er war glücklich und frei: aber er würde in keiner Weise stolz Pater Dolan gegenüber sein.*[127] In Kapitel II erfährt Stephen, dass Dolan und der Rektor tatsächlich gemeinsame Sache machen; der Heranwachsende kämpft mit neuen Anfechtungen, die sich in der Ekstase der körperlichen Liebe auflösen: *Tränen der Freude und der Erlösung glänzten in seinen entzückten Augen und sei-*

ne Lippen öffneten sich, doch mochten sie nicht sprechen.[128] Kapitel III stellt die Gewissensqual vor, in die Stephen durch die monströsen Höllenschilderungen während der Exerzitien gestürzt wird; wiederum findet er am Ende zu einer Ekstase, diesmal in Gestalt der Seelenläuterung durch die Beichte: *Seine Seele wurde wieder schön und heilig, heilig und glücklich.*[129] Auch dieser Glückszustand wird anschließend unterminiert, der Junge pubertiert heftig und erfreut sich in der Schlusssequenz von Kapitel IV an der sehr irdischen Vision eines Mädchens am Strand: *Himmlischer Gott! schrie Stephens Seele in einem Ausbruch profaner Freude.*[130]

Das Schlusskapitel spielt die Abfolge aus Expansion und Kontraktion, aus Ekstase und Enttäuschung auf engem Raum gleich mehrmals durch; Joyce setzt also den durch die vorausgegangenen Kapitel aufgebauten Rhythmus nicht mechanisch fort, sondern sprengt den ihm (wie seinem Protagonisten) zu eng gewordenen Rahmen. Am Schluss dieses letzten Kapitels steht wiederum ein ekstatischer Ausruf, und es bleibt den Lesern überlassen, sich das Scheitern, das folgen muss, auszumalen: *Willkommen, Leben! Als Millionster zieh ich aus, um die Wirklichkeit der Erfahrung zu finden und in der Schmiede meiner Seele das ungeschaffne Gewissen meines Volkes zu schmieden.*[131] Das ist arg pathetisch formuliert und soll es auch sein; die Selbstüberhöhung ist die Stephens, nicht die von Joyce. Joyce geht es im *Porträt* nicht mehr darum, die Selbststilisierung seines Protagonisten zu rechtfertigen, sondern er beschränkt sich darauf, dieser Stilisierung die ihr gemäße künstlerische Form zu geben. Diese Form entwickelt er aus dem Bewusstsein seiner Figur heraus; dadurch kann er den Reifeprozess Stephens im Sinn eines Entwicklungsromans plausibel machen, gleichzeitig jedoch eine feine ironische Distanz aufbauen.

Im Schlusskapitel führt Stephen drei Gespräche, um sein Handeln zu rechtfertigen. Lynch gegenüber breitet er seine ästhetische Theorie aus; es ist in wesentlichen Teilen dieselbe, die Joyce 1903 in Paris und 1904 in Pola entwickelt hat. In *Stephen der Held* wird sie auch schon vorgestellt, und zwar im Rahmen eines Vortrags, den Stephen an der Universität hält und für den er gelobt wird, weil *es sehr schön geschrieben wäre*[132]. In Wahrheit ist das gar kein Lob; in der *Dubliner*-Erzählung *Efeutag im Sitzungszimmer* wird ein miserables Lobgedicht auf Parnell von einer Nebenfigur mit eben diesen Worten gewürdigt, *daß es sehr schön geschrieben sei*[133] – ironisierend geht Joyce zu seiner ästhetischen Theorie auf Distanz. In *Ein Porträt des Künstlers als junger Mann* ist die Ironie dann aber anders angelegt. Lynch ist ein denkbar ungeeigneter Empfänger für Stephens Vortrag, weil es ihm völlig an der Ernsthaftigkeit mangelt, die Stephen bei dieser Gelegenheit zu Eigen ist: Lynch unterbricht Stephens hochfliegende Theorie fortwährend mit albernen Bemerkungen. Diese Zwischenbemerkungen sind allerdings so ausgeführt, dass sie das, was Stephen kompliziert erklärt, in platter Rede veranschaulichen. Tatsächlich geht es im *Porträt* nicht mehr um die schöne Ausformulierung der bei Aristoteles und Thomas von Aquin angelesenen Denkmuster, sondern um ihre Umsetzung in einen sprachlich-formalen Rhythmus. Die Struktur des *Porträts* bricht, wie schon erwähnt, am Ende auf; im Text erscheint zunächst eine von Stephen gedichtete Villanelle, dann in gewohnter Erzählprosa sein Gespräch mit Cranly, dem er den Entschluss kundtut, seinem Zuhause und dem Vaterland und der Kirche den Dienst zu versagen und nur noch seine drei Waffen *Schweigen, Verbannung und List*[134] zu benutzen, und schließlich ein Auszug aus seinem Tagebuch. Diese drei Schlussabschnitte sind die Verwirklichung der lyrischen, der epischen und der dramatischen Form, die Stephen zuvor theoretisch zu definieren gesucht hat. Joyce selbst ist, als er dieses Schlusskapitel schreibt, an Theorien und Definitionen nicht mehr interessiert (oder höchstens noch als Material, das er genau so ausschlachtet wie seine eigene Biographie); was ihn interessiert, das ist die ästhetische Praxis, die Gestaltung neuer Formen und Strukturen, die es mit der von ihm erlebten Wirklichkeit aufzunehmen vermögen.

Diese erlebte Wirklichkeit steht, als Joyce das *Porträt* schreibt, nicht mehr unter dem Zeichen der Paralyse; der Begriff kommt in der Schlussfassung des Romans nicht vor. Zum Schlüsselwort avanciert stattdessen derjenige der *Unrast*, die sich in Stephens Bewusstsein ausbreitet. Anfangs wird diese *Unrast* von der *Weite und Fremdartigkeit des Lebens*[135] in ihm erweckt, sie bricht *wie eine Klangwelle aus ihm*[136]: Sie kommt also aus der Fremde und prallt dann dorthin zurück, beschreibt somit den Rhythmus aus Kontraktion und Expansion nach. Später dann beginnt, nachdem Stephen eine Zukunft als Priester angeboten bekommt, *jeder Teil seines Wesens Unrast auszustrahlen*[137], woraus sich der Impuls entwickelt, der Berufung zum Priester zu entfliehen; im Schlusskapitel paart sich Stephens *Unrast* mit den *Sehnsüchten in seiner Seele*[138] und setzt sich dort endgültig fest, ist mithin nichts Bedrohliches mehr, was von außen kommt, sondern ein innerer Lebenstrieb, der Stephen gerade nach außen zieht, in die Fremde. Stephen begreift sich, ganz seinem dädalischen Nachnamen entsprechend, zusehends als ein Vogelwesen, das allen festen Grund unter sich zurücklassen wird. Im Eingangskapitel galten Vögel noch als Gefahr; die fromme Erzieherin droht Stephen: *O, wenn nicht, dann kommen die Adler und hacken ihm die Augen aus.*[139] Je weiter wir im *Porträt* lesen, desto mehr verschiebt sich die Rolle der leitmotivischen Vögel, bis Stephen schließlich im Augurium seine Zukunft zu erkennen glaubt: *Dann sollte er also fortziehen, denn sie waren Vögel, die ewig gingen und kamen, ewig ihr*

Ein Gefühl von Angst vor dem Unbekannten regte sich im Herzen seiner Müdheit, Angst vor Symbolen und Vorzeichen, vor dem falkengleichen Mann, dessen Namen er trug und der sich schwang hoch auf aus der Gefangenschaft auf weidengeflochtenen Flügeln [...].
Stephen Dedalus versucht, sich als Dädalus zu sehen (Porträt, S. 501f.)

Charles-Paul Landon: Dädalus und Ikarus. Öl auf Holz, 1799

nimmerwährendes Heim unter den Traufen der Menschenhäuser bauten und ewig das Heim das sie gebaut verließen, um fortzuziehn.[140] Um dies zu tun, muss er freilich, wie er seinem Freund Davin pathetisch erklärt, all das hinter sich lassen, was ihn bindet: *Wenn die Seele eines Menschen in diesem Land geboren wird, werden ihr Netze übergeworfen, um sie am Fliegen zu hindern. Du sprichst mir von Nationalität, Sprache, Religion. Ich werde versuchen, an diesen Netzen vorüberzufliegen.*[141] Stephen nimmt willentlich und bewusst das auf sich, was Pater Purdon während der Exerzitien im zentralen Kapitel III (dem einzigen, in dem nie von Unrast die Rede ist) als schlimmste Strafe ausgemalt hat: *In der Hölle sind alle Gesetze umgestülpt:*

es gibt keinen Gedanken an Familie oder Vaterland, an Bindungen, an Verwandtschaft.[142] Höhenflug und Höllensturz sind eins.

«Die der Schwerkraft und der Zugehörigkeit komplementär entgegengesetzten Mythen», argumentiert Joyce' nachgeborener Kollege Salman Rushdie, «haben denselben Wortstamm: Flug, Flucht. [...] Fliegen und fliehen: zwei Möglichkeiten, die Freiheit zu suchen.»[143] Rushdie leitet daraus eine Literatur der Migration ab, die aus dem bewusst in Kauf genommenen Heimat- und Bindungsverlust die Freiheit gewinnt, sich neue Wirklichkeiten zu erschreiben. Der Gang in die Fremde, den Stephen am Ende des *Porträts* antritt und zum Exil, zur Verbannung stilisiert, ist tatsächlich eine Migration im Sinne Rushdies. Joyce selbst akzeptiert seine Lebensumstände früh als *freiwilliges Exil*[144], nicht als etwas, wozu er gezwungen worden wäre. Die Unrast, die Stephen treibt, und die Rastlosigkeit, die Joyce zeitlebens mit seinen unzähligen Umzügen schon äußerlich an den Tag legt, zielen darauf, neue kulturelle und ästhetische Erfahrungen zu sammeln und dem eigenen Selbstverständnis einzuverleiben, so schließlich ein eigenes Werk zu schaffen, das stets in Bewegung bleibt und Stillstand und starre Formen in jeder Hinsicht verabscheut. Die späteren Joyce'schen Protagonisten werden allesamt Migranten sein: ein irischer Jude ungarischer Abkunft namens Leopold Bloom, eine in Gibraltar aufgewachsene Angloirin mit jüdisch-spanischer Mutter namens Molly Bloom, ein Nachfahr skandinavischer Wikinger namens Earwicker.[145]

Stephen Dedalus ist im engeren Sinn kein Migrant, muss sich am Ende des *Porträts* aber als Fremder im eigenen Land begreifen, als ein Opfer des Kolonialismus, das sich in fremden Sprachen ausdrücken muss. Anlässlich eines Missverständnisses mit dem englischen Studiendekan erkennt er: *Die Sprache in der wir sprechen ist seine, eh sie die meine ist. Wie verschieden sind die Wörter «home», «Christ», «ale», «master» auf seinen Lippen und auf meinen! Ich kann diese Wörter nicht*

Auf den Stufen vor der Nationalbibliothek schaut Stephen Vögeln beim Flug zu.

sagen oder schreiben ohne Unrast im Geist.[146] Gerade aus dieser Unrast wird er alle Energie gewinnen müssen, etwas zu schaffen. James Joyce hat erklärt, wie das funktioniert: *Die Iren, die verdammt sind, sich in einer Sprache auszudrücken, die nicht ihre eigene ist, haben ihr den Stempel ihres Genies aufgedrückt und wetteifern mit anderen zivilisierten Nationen um den Ruhm. Das nennt man ‹englische Literatur›.*[147] In fremder Sprache, auf Deutsch, kündigt er am 16. Juni 1915, wenige Tage, bevor er Triest verlässt, das nächste Werk an, mit dem er die Grenzen der englischen Literatur sprengen wird: *Ulysses Wandlungen*[148].

Zürich – Odysseus redivivus

Ein ganzheitlicher Mensch

Am 30. Juni 1915 treffen Joyce und Nora mit ihren Kindern in Zürich ein und nehmen für die ersten Tage wieder im Gasthof Hoffnung Quartier, bevor sie in häufig wechselnden Wohnungen unterkommen. Wie Triest ist Zürich ein vielsprachiger und multikultureller Ort. In der Schweiz leben schon vor dem Ersten Weltkrieg fünfzehn Prozent Ausländer, und besonders in Zürich steigt dieser Anteil stetig, denn die Schweiz nimmt zunächst Flüchtlinge, Pazifisten und Deserteure aus den kriegführenden Staaten bereitwillig auf; erst Ende 1917 wird die Visumpflicht für Ausländer eingeführt.[149] Das Flair Zürichs ist dennoch ein anderes als in Triest, wie Joyce feststellt: *Zürich ist so sauber, daß man eine auf der Bahnhofstraße ausgeschüttete Minestra ohne Löffel wieder aufessen könnte.*[150]

Auf politischem wie auf künstlerischem Feld werden in Zürich während des Kriegs revolutionäre Entwicklungen vorbereitet. Lenin hält sich bis zum April 1917 in der Stadt auf, und im Februar 1916 wird im Cabaret Voltaire die Dada-Bewegung gegründet. Joyce scheint von alldem keine Notiz genommen zu haben. Die Zeiten, da er für den Sozialismus schwärmte, sind vorbei, und von Künstlergruppen hält er sich grundsätzlich fern: Joyce schafft als Einzelgänger seine eigene Moderne, die eher auf Entwicklungen der Populärkultur gegründet ist als auf Tendenzen der zeitgenössischen Avantgarde. Schon in Triest hat er zwar (im Januar 1910) ein Aufsehen erregendes Treffen der Futuristen miterlebt, das freilich weniger Spuren im Joyce'schen Werk hinterlässt als etwa die Varietés mit

Welch eine Stadt. Ein See, ein Berg und zwei Flüsse!
Joyce über Zürich
(Ellmann, S. 917)

ihren Verwandlungskünstlern, die vor dem Krieg in Triest außerordentlich populär waren.

In Zürich findet Joyce rasch Privatschüler, zunächst vor allem unter Italienern und Österreichern, später auch unter Griechen; die Einnahmen aus den Sprachstunden reichen allerdings zum Lebensunterhalt nicht aus. Auf Vermittlung von Pound und Yeats bewirbt Joyce sich um ein Stipendium des Royal Literary Fund in London: *Unter den augenblicklich in diesem Lande, in dem ich wahrscheinlich einige Zeit bleiben muß, herrschenden Umständen scheint es sehr schwierig zu sein, irgendwelche Arbeit zu bekommen, wie ich sie tun könnte.*[151] Im August 1915 erhält er eine einmalige Förderung von 75 Pfund, und nach weiteren Bemühungen Pounds werden ihm ein Jahr später aus einem Sonderfonds des Premierministers noch einmal 100 Pfund gewährt.

Nachdem im September 1915 der Abdruck des *Porträts* im «Egoist» abgeschlossen und kein Verleger für die Buchausgabe in Sicht ist, bietet Harriet Shaw Weaver schließlich

Harriet Shaw Weaver, um 1922

an, den Roman unter dem Imprint «Egoist Press» selbst zu verlegen; aus ihrem Privatvermögen zahlt sie Joyce Voraushonorare. Doch die Publikation verzögert sich, weil etliche Drucker das Buch als zu obszön ablehnen. *Ich hoffe, daß Sie einen Drucker finden, der das Buch setzt,* schreibt Joyce Ende März 1916 an Weaver. *Ich bin wegen dieser Sache so nervös, daß ich nicht mehr schreiben kann, wenn es aber veröffentlicht wäre, sähe ich meinen Weg klarer vor mir.*[152]

Ende Oktober 1916 erleidet Joyce einen (möglicherweise durch Depressionen ausgelösten) Nervenzusammenbruch, und nur sehr langsam kommt er mit seinem neuen Romanprojekt *Ulysses* voran, das er Weaver um diese Zeit vorstellt: *Es [...] spielt in Dublin im Jahr 1904. Ich habe den ersten Teil fast beendet und Teile von Mitte und Ende geschrieben. Ich hoffe, es 1918 zu beenden.*[153] Diese Prognose wird sich als viel zu optimistisch erweisen. Die *Ulysses*-Kapitel, die Joyce zu dieser Zeit entworfen hat, führen die Geschichte von Stephen Dedalus fort und schildern ihn, wie er morgens den Martello-Turm von Sandycove verlässt, mittags in der Dubliner Nationalbibliothek hochtrabende Shakespeare-Thesen vorträgt und spät nachts in Begleitung eines älteren Herrn namens Leopold Bloom in einer Kutscherkneipe einkehrt.

Dieser Leopold Bloom, ein assimilierter Jude, und seine Frau Molly sollen im Zentrum der übrigen Kapitel stehen, und Joyce sammelt nach Kräften Material, um die beiden neuen Figuren ausstaffieren zu können. Er zeichnet die nächtlichen Träume Noras auf und versucht sie zu deuten, und er sucht die Bekanntschaft in Zürich lebender Griechen und Juden. Einer der neuen Freunde, Paul Ruggiero, der in Thessaloniki gelebt hat und Griechisch spricht, kocht gelegentlich nahöstliche Spezialitäten für Joyce und seine Familie.

Ende des Jahres erscheint schließlich *Ein Porträt des Künstlers als junger Mann* in Amerika; Miss Weaver importiert Druckbögen und bringt Anfang 1917 die englische Ausgabe auf den Markt. Kurz darauf beginnt sie, Joyce durch regelmäßige anonyme Geldzuwendungen zu unterstützen. Die Publikation des Romans und die Finanzspritzen bessern Joyce' Stimmung, er entwirft erste Fassungen mehrerer Bloom-Kapitel und schildert Pound seine Vorgehensweise: *Ich schreibe, wie Aristoteles sagen würde, die verschiedenen Teile mit verschiedenen Mitteln. So seltsam es klingt, trotz meiner Krankheit habe ich in letzter Zeit genug geschrieben.*[154]

Die *Krankheit* ist sein altes Leiden am rechten Auge, das ihm nun regelmäßig Probleme bereitet. Am 18. August 1917 erleidet Joyce auf der Zürcher Bahnhofstraße einen schweren Anfall von grünem Star, der mit Schmerzen bis zur Bewusstlosigkeit verbunden ist und Joyce zwingt, sich operieren zu lassen. Diese Operation lindert die Beschwerden kurzfristig, hat aber eine dauerhafte Trübung des Auges zur Folge. Als Joyce kurz darauf auch noch an Mandelentzündung erkrankt, empfehlen die Ärzte ihm für den Winter einen Klimawechsel. Mitte Oktober reist die Familie Joyce nach Locarno ins Tessin, wo sie bis zum Januar bleiben wird.

In Locarno erhält Joyce die Nachricht, dass die «Little Review» in New York bereit ist, ab März 1918 den im Entstehen befindlichen *Ulysses* vorabzudrucken. Joyce schickt Reinschriften der drei ersten Kapitel an Ezra Pound, der den Abdruck als Außenlektor begleiten wird. Die Notwendigkeit, im neuen Jahr regelmäßig Kapitel zu liefern, schafft für Joyce den Zeitdruck, den er offenbar braucht, um das Buch kontinuierlich voranzubringen. Er liest viel und gezielt, vor allem Victor Bérards «Les Phéniciens et l'Odyssée» (1902) und Wilhelm Heinrich Roschers «Ausführliches Lexikon der griechischen und römischen Mythologie» (1884 ff.), um den *Ulysses* mit Entsprechungen zu Homers «Odyssee» anreichern zu können. Bei Bérard findet Joyce die These, die «Odyssee» sei eigentlich semitischen Ursprungs; dadurch sieht er sich in seinem Vorhaben bestätigt, die «Odyssee» als *Epos zweier Rassen (Israeliten–Iren)*[155] zu aktualisieren.

Joyce ist noch nicht lange in Zürich zurück, als er erneut mit einer Entzündung der Iris zu kämpfen hat, diesmal an beiden Augen. Dennoch arbeitet er diszipliniert an seinem Roman weiter, angespornt durch den einsetzenden Vorabdruck und zudem durch eine neue finanzielle Förderung, die er knapp kommentiert: *Es war höchste Zeit.*[156] Von einem Sonderkonto der in Zürich lebenden Rockefeller-Tochter Edith McCormick, einer Förderin der Künste und der Wissenschaften, die bereits den Psychoanalytiker C. G. Jung unterstützt, erhält er monatlich 100 Franken.

Ein weiterer Ansporn für die Arbeit ist die Bekanntschaft mit dem englischen Maler und Konsulatsangestellten Frank Budgen, der sich als verständiger Diskussionspartner erweist und von Joyce auf langen Stadtwanderungen über die Entstehung der einzelnen *Ulysses*-Kapitel auf dem Laufenden gehalten wird. Budgen übernimmt die Rolle, die in

Frank Budgen

Triest Stanislaus Joyce innehatte: Er hört geduldig zu, äußert sich kenntnisreich zu Joyce' Überlegungen und bestärkt ihn in allem, was er tut. Joyce erläutert ihm, dass Odysseus ebenso wie seine moderne Entsprechung Leopold Bloom vor allem ein *ganzheitlicher, lückenloser Charakter* sei, *ein ganzheitlicher Mensch – ein guter Mensch. So jedenfalls ist er bei mir angelegt.*[157] Bei Homer ist Odysseus Kriegsdienstverweigerer wie auch Kriegsheld, Sohn und Vater, Ehemann und glühender Liebhaber zugleich; entsprechend geht es Joyce darum, Bloom von möglichst vielen Seiten zu zeigen.

Mit einem anderen Bekannten, dem Schauspieler Claud Sykes, gründet Joyce im April 1918 die Theatertruppe «English Players», in der Profis neben Laienschauspielern auftreten; bei einem irischen Stück von John Millington Synge übernimmt auch Nora eine Rolle. Nach der ersten Aufführung kommt es allerdings zum Streit zwischen Joyce, der als Geschäftsführer fungiert, und dem Konsulatsbeamten Henry Carr, der eine Hauptrolle übernommen und sich dafür teure Hosen gekauft hat, deren Rechnung er von Joyce begleichen lassen möchte. Im englischen Konsulat droht Carr Joyce mit Prügeln, worauf dieser Klage einreicht; außerdem schreibt er Beschwerdebriefe an den britischen Botschafter Horace Rumbold in Bern und an den Premierminister David Lloyd George. In einem ersten Prozess werden alle Forderungen Carrs zurückgewiesen, doch im zweiten Prozess sind die Drohungen Carrs nicht zu beweisen, da dieser von seinen Kollegen gedeckt wird, und Joyce muss die Kosten tragen. Er revanchiert sich auf seine Weise, indem er einigen unangenehmen Figuren im *Ulysses* die Namen Carrs, Rumbolds und des Konsuls Bennett verleiht.

Offenbar als Reaktion auf Joyce' Klage gegen Carr sucht der Konsul Joyce zu schikanieren, indem er ihn offiziell auffordert, sich als Kriegsfreiwilliger zu melden. Joyce retourniert das Schreiben postwendend mit dem Vermerk: *James Joyce läßt sich dem B. M. Generalkonsul empfehlen und sendet ein ihm versehentlich zugestelltes Schriftstück hiermit zurück.*[158] Es ist grotesk, sich Joyce als Soldat vorzustellen, nicht nur seiner gesundheitlichen Beschwerden wegen. Abgrundtief verabscheut er jeden Krieg und überhaupt alle Gewalt, auch im häuslichen Bereich; im Gegensatz zu Nora ist er der Meinung, *Kinder müssen durch Liebe, nicht durch Bestrafung erzogen werden*[159]. Prügel sind für Joyce als Mittel privater Auseinandersetzungen ebenso wenig zu billigen wie Krieg und Diktatur als Mittel der Politik; auch deshalb ist er zeit seines Lebens nie anfällig für jene männlichen Kraftprotzereien, die etliche seiner Kollegen (D'Annunzio, Pound, Wyndham Lewis, die Futuristen) in die Fänge des Faschismus getrieben haben.

Während Joyce emsig an seinem Buch schreibt, versucht Harriet Shaw Weaver einen Verlag für ihn zu finden. Als hinderlich erweisen sich dafür die vielen Textstellen, die von den meisten Zeitgenossen als Obszönitäten aufgefasst werden; die Ausgaben der «Little Review», die Kapitel des Romans enthalten, werden mehrmals konfisziert, obwohl Pound und die Herausgeberinnen Margret Anderson und Jane Heap schon vorab ein paar einschlägige Stellen gestrichen haben. Als Weaver bei diversen Verlagen erfolglos bleibt, sucht sie Virginia und Leonard Woolf auf, die sich schließlich bereit erklären, den *Ulysses* in ihrer Hogarth Press zu verlegen – aber sie finden dann doch keinen Drucker, der das Risiko einer Klage auf sich nehmen mag. Trotz dieser Rückschläge kann Joyce zu Silvester 1918 auf die letzte Seite der Episode *Scylla und Charybdis* schreiben: *Ende des ersten Teils von «Ulysses».*[160] Die erste Hälfte des Buches ist (vorläufig) fertig.

In diese Zeit fällt eine seltsame Affäre, die im *Ulysses* ihre Spuren hinterlassen wird. Joyce trifft sich heimlich zum Tee mit einer jungen Frau namens Martha Fleischmann, die er auf der Straße angesprochen hat: *Sie erinnern mich an ein Mädchen, das ich einmal in meinem Heimatland am Strand stehen sah.*[161] Joyce glaubt, sie sei Jüdin; obwohl sie es verneint, hält er hartnäckig an dieser Vorstellung fest und schreibt ihr schwülstige Briefe: *Ich bin 35. Es ist das Alter, in dem Shakespeare seine schmerzliche Leidenschaft für die «dunkle Dame» faßte. Es ist das Alter, in dem Dante die Nacht seines Daseins betrat.*[162] In den Briefen verstellt Joyce seine Schrift und verwendet ein griechisches Epsilon statt des «e»; auf einer Karte nennt Joyce sich selbst zudem *Odysseus* und Martha *Nausikaa.* An seinem 37. Geburtstag schließlich, am 2. Februar 1919, trifft Joyce sich in Budgens Studio allein mit Martha Fleischmann und behauptet anschließend, er habe die kältesten und heißesten Körperregionen einer Frau erforscht. Danach bricht der Kontakt ab, weil Martha Fleischmanns Vormund und Geliebter hinter die Sache kommt. Was zwischen den beiden wirklich passiert ist, ist unklar. Da Joyce und Nora inzwischen nicht mehr miteinander schlafen, ist nicht auszuschließen, dass Joyce tatsächlich sexuelle Abenteuer sucht (schon im November 1917 in Locarno hat er mit der sechsundzwanzigjährigen deutschen Ärztin Gertrude Kaempffer anzubandeln versucht); wahrscheinlicher aber scheint, dass diese Affären der Recherche zum *Ulysses* dienen. Im Buch benutzt Bloom das griechische Epsilon bei seiner Geheimkorrespondenz mit Martha Clifford, und am Strand beäugt er ein Mädchen namens Gertrude. Joyce benutzt nicht nur sein Leben als Material, sondern sucht in diesem Leben auf groteske Weise Dinge auszuprobieren, die er dann in seinem Werk verarbeitet. Um die Zeit der Affäre mit Martha Fleischmann beklagt sich Nora unter Tränen bei Budgen, ihr Mann verlange, dass sie mit anderen Männern gehe, damit er Stoff zum Schreiben habe.[163]

Inzwischen ist der Krieg zu Ende, und Joyce plant, nach Triest in seine alte Wohnung und zu seinen Büchern zurückzukehren. Ein Grund, in Zürich zu bleiben, ist entfallen: Edith McCormick hat Joyce ihre Unterstützung entzogen, womöglich weil er nicht bereit war, sich einer Analyse bei ihrem Liebling C. G. Jung zu unterziehen. *Doktor Jung (der Schweizer Tweedledum, nicht zu verwechseln mit dem Wiener*

James Joyce 1919 in Zürich

Tweedledee Dr. Freud)[164] kann Joyce ebenso wenig begeistern wie die Psychoanalyse überhaupt, mit der er schon in Triest durch Sprachschüler und eigene Freud-Lektüre vertraut ist. Er hält Freuds Modelle für mechanistisch; sein eigener Umgang mit unterdrückten Bewusstseinsschichten und ihren Symbolen im *Ulysses* fällt viel dynamischer aus.

Joyce braucht sich über den Wegfall der Unterstützung durch McCormick nicht lange zu grämen. Im Mai 1919 werden ihm von einem anonymen Gönner 5000 Pfund an Wertpapieren übertragen, die fünf Prozent Zinsen abwerfen. Kurz darauf gibt sich Harriet Shaw Weaver ihm als Wohltäterin zu erkennen, sie wird sein Leben von nun an kontinuierlich finanzieren. Umso mehr trifft es Joyce, dass Miss Weaver in der zuletzt fertig gestellten Episode *Sirenen*, mit der er den *Ulysses*-Anfangsstil deutlich hinter sich lässt, einen Qualitätsabfall ausmacht. In mehreren Briefen sucht er seine Methoden zu rechtfertigen: *Ich verstehe es, wenn Sie vielleicht langsam von den verschiedenen Stilen der Episoden bestürzt sind und den Anfangsstil bevorzugen, wie der Wanderer es ja auch tat, der sich nach dem Felsen von Ithaka sehnte. Aber alle diese Wanderungen in den Rahmen eines einzigen Tages zu pressen und sie in die Form dieses Tages zu kleiden ist für mich nur durch solche Variation möglich, die, wie Sie mir bitte glauben wollen, nicht willkürlich ist.*[165]

Gleichzeitig äußert auch Pound Kritik an der *Sirenen*-Episode und meint, Joyce möge doch weniger über Bloom und wieder mehr über Stephen schreiben. *Aber Stephen interessiert mich nicht mehr im selben Maß*, erläutert Joyce Budgen: *Er hat eine unveränderbare Gestalt angenommen.*[166] Unveränderbare Gestalten langweilen Joyce, der immer in Bewegung bleiben und stets etwas Neues machen will. Weaver und Pound lassen sich schließlich überzeugen und nehmen spätere *Ulysses*-Episoden wieder begeistert auf, doch Joyce ist und bleibt empfindlich. Um diese Zeit meldet er seinem Bruder: *Ich bin in Behandlung wegen einer Art nervlicher Überanstrengung, verursacht durch die enormen Schwierigkeiten mit dem Buch, an dem ich schreibe.*[167]

Am 15. Oktober 1919 bricht Joyce mit seiner Familie nach Triest auf, wo sie alle (wie schon Stanislaus Joyce) erst einmal bei den Schaureks unterkommen, da die alte Wohnung ausgebombt ist. Die Heimkehr erweist sich freilich als wenig erquicklich. Triest ist nicht mehr eine kosmopolitische österreichisch-ungarische Metropole wie vor dem

Krieg, sondern eine italienische Randstadt, in der die Preise hoch und die Wohnungen knapp sind. *Die Lage hier ist höchst unerfreulich. Keine Wohnung und keine Aussicht darauf*, schreibt Joyce an Budgen. *Und dann diese verdammte Langeweile. Kein Mensch, mit dem ich über Bloom reden kann.*[168] Stanislaus möchte sein eigenes Leben leben und nicht mehr seines Bruders Hüter sein; Joyce vermisst die Gespräche mit Budgen, den er vergebens drängt, doch auch nach Triest zu kommen. Joyce spielt sogar mit dem Gedanken, den Roman aufzugeben. Schließlich beschließt er, im Sommer Urlaub zu machen: *Vielleicht fahre ich […] nach Cornwall und dann nach Irland.*[169] Unterdes schreitet die Niederschrift des *Ulysses* langsam, aber kontinuierlich voran, und Joyce tritt seine Lehrerstelle bei reduzierter Stundenzahl wieder an.

Im Juni 1920 fährt er mit seinem Sohn an den Gardasee, wo Ezra Pound seine Sommerferien verbringt. Die beiden begegnen sich zum ersten Mal und schmieden Strategien zur Publikation der Werke Joyce' in verschiedenen Ländern. Da Joyce in Triest nicht mehr glücklich ist, schlägt Pound ihm vor, er solle doch eine Weile nach Paris fahren, wo auch Pound den Restsommer verbringt. Kurz entschlossen stimmt Joyce dem Vorschlag zu. *In etwa zehn Tagen hoffe ich, Triest verlassen zu können, um einige Monate Ferien zu machen*, schreibt er seinem amerikanischen Verleger Ende Juni. *Ich fahre zunächst nach Paris, bleibe aber dort vielleicht etwas.*[170]

Am 3. Juli 1920 machen sich Joyce und Nora mit ihren Kindern und großem Gepäck aus Triest nach Paris auf, wo sie nach Zwischenstationen in Venedig und Mailand am 8. Juli eintreffen. Aus dem geplanten Ferienaufenthalt wird schließlich ein fester Wohnort für die nächsten zwei Jahrzehnte. Zunächst einmal geht es Joyce aber darum, hier das Buch abzuschließen, an dem er seit 1914 sitzt: Vierzehn Episoden sind fertig, doch vier sind noch zu schreiben.

Wanderungen: Der Anfangsstil des «Ulysses»

Die Idee zum *Ulysses* kommt Joyce während seines Rom-Aufenthalts 1906, im Jahr darauf will er das Projekt *zu einem kleinen Buch erweitern*[171], doch als er 1915 schließlich mit der Niederschrift beginnt, wird schnell klar, dass das Buch eher umfangreich wird. Der Strukturplan steht in groben Zügen fest, als Joyce seinem Bruder im Juni 1915 (aus Kriegsgründen auf Deutsch) schreibt: *Die erste Teil, die Telemachie, besteht aus vier Episoden: die zweite von fünfzehn, dass ist, Ulysses Wandlungen: und die dritte, Ulysses Heimkehr, von andre drei Episoden.*[172] Am Ende wird die *Telemachie* aus Symmetriegründen auf drei Episoden verkürzt (zwischen *Nestor* und *Proteus* entfällt offenbar eine geplante «Lakedämon»-Episode[173]), und der Mittelteil umfasst zwölf Episoden. Dass Joyce diesen Mittelteil als *Ulysses Wandlungen* bezeichnet, ist wohl ein Versehen, er dürfte «Wanderungen» gemeint haben. In der Tat befasst sich aber das Buch, wie Fritz Senn gezeigt hat, «mit Wandlung, Veränderungen, Umgestaltungen, Verwechslungen, Verkleidung, Transpositionen, Metamorphosen, Transsubstantiation, Metempsychose»[174]. Gewandert und verwandelt ist schon der Titel *Ulysses*, der eine im Englischen gebräuchliche Variante der lateinischen Namensform für Odysseus aufgreift. Der *Ulysses* gibt sich damit als Neuformung der «Odyssee» zu erkennen.

Eine prinzipiell ähnliche Neuformung eines alten Stoffes hat Joyce schon in seiner Erzählung *Gnade* erprobt, die den drei Teilen von Dantes «Göttlicher Komödie» nachempfunden ist: Inferno (Tom Kernan stürzt betrunken eine Treppe hinab), Purgatorium (Kernan kuriert sich aus) und Paradies (Kernan hört sich die Predigt von Pater Purdon an). Im *Ulysses* ersinnt Joyce ähnliche Entsprechungen für die Hauptelemente der «Odyssee»: Odysseus irrt als müder Held durch die Welt, seine Frau Penelope und sein Sohn Telemach erwarten sehnsüchtig seine Heimkehr. Die durchwanderte

Welt schrumpft zum Dubliner Stadtgebiet zusammen, die zehnjährige Wanderschaft auf einen einzigen Tag, den 16. Juni 1904, und die Treue der Penelope wird insofern ironisiert, als ihre moderne Entsprechung Molly Bloom in ihrem Haus in der Eccles Street 7 ausgerechnet an diesem Tag Ehebruch begeht, was ihr Mann Leopold unter Schwierigkeiten zu ignorieren versucht.

Der Roman beginnt jedoch mit einem modernen Telemach, der kein leiblicher Sohn der Blooms ist: mit Stephen Dedalus, dessen am Ende von *Ein Porträt des Künstlers als junger Mann* beschriebener heroischer Höhenflug gescheitert ist. In der Auftaktepisode (*Telemach*) sagt er zu Buck Mulli-

Der Körper des Ulysses (1–9)

I	1 Telemach	– (Telemach
	2 Nestor	– ist noch
	3 Proteus	– körperlos)
II	4 Kalypso	Nieren
	5 Lotusesser	Haut, Genitalien
	6 Hades	Herz
	7 Äolus	Lunge
	8 Lästrygonen	Speiseröhre
	9 Scylla und Charybdis	Gehirn

Nach den von Joyce in Umlauf gebrachten Schemata (Ellmann: Odysseus in Dublin, Beilage)

gan, mit dem er den Martello-Turm bewohnt: *Aber ich, ich bin kein Held*[175], auch ein Dädalus ist er jetzt nicht mehr. Die Flugmetaphorik wird nur kurz noch einmal aufgenommen, um Stephen als Ikarus zu präsentieren, den abgestürzten Sohn des Dädalus. Als Sohn weist sich Stephen aus, indem er über seine verstorbene Mutter nachgrübelt. Gesprächsthema zwischen ihm, Mulligan und dem Engländer Haines ist freilich Shakespeares «Hamlet», womit die Vater-Sohn-Beziehung ins Spiel gebracht wird. Mit einer leichtfertigen biblisch-literarischen Anspielung bezeichnet Mulligan Stephen als *Japhet auf der Suche nach einem Vater*[176]; der Vater, den Stephen im Lauf des Tages finden wird, ohne eigentlich nach ihm zu suchen, ist Bloom.

Die Episode auf dem Martello-Turm hatte Joyce schon für das *Porträt* geplant (dort wäre Oliver Gogarty nicht als Buck Mulligan, sondern als Goggins aufgetreten), doch dann wurde ihm wohl klar, dass sie ein anderes Thema aufwirft und in ein anderes Buch gehört. Auch die Erzähltechniken im *Ulysses* sind von Beginn an andere als im *Porträt.* Der Erzählbericht ist deutlich unpersönlicher, agiert zunächst fast wie eine Kamera, die das Geschehen von außen einfängt, und dann wird Stephens Bewusstseinsstrom mit einer ganz neuen Technik in den Text hineingeblendet: *Stephen beugte sich vor und lugte in den Spiegel, der ihm hingehalten wurde, von krummem Riß gespalten, Haar zu Berge. Wie er und die andern mich sehen. Wer hat dies Gesicht für mich ausgesucht?*[177] In wörtlicher Rede hören wir Stephens stumme Gedanken, als «inneren Monolog», wie Valéry Larbaud diese Technik als erster nennt. Joyce hat sie keinesweg erfunden; komplett in Präsens und Ich-Form wiedergegebene assoziative Gedankenfolgen präsentieren lange zuvor schon Édouard Dujardin in «Die Lorbeerbäume sind geschnitten» (1887) sowie Arthur Schnitzler in «Leutnant Gustl» (1901), und Joyce hat freimütig bekannt, Dujardins Roman 1903 in Paris gekauft zu haben und so auf die Idee gekommen zu sein. Freilich perfektioniert Joyce die Technik, indem er den inneren Monolog nur in kurzen Ausschnitten (die zudem syntaktisch fragmentarisiert sind) in den Erzählerbericht einfügt. Dadurch kann er Ungeschicklichkeiten vermeiden, die die Illusion stören würden, es mit naturalistisch eingefangenen Gedankenabläufen zu tun zu haben. Joyce setzt den inneren Monolog als Mittel eines *neuen Realismus* ein, als *neuen Weg*[178] zur vollständigen Überführung der Welt in Literatur: Parallel zur Darstellung der äußeren, objektiven Welt soll der innere Monolog die subjektive Welt des Bewusstseins im Innern der Figuren einfangen.

Über die drei Eingangskapitel des *Ulysses* hinweg wird diese ungewohnte Technik der Leserschaft Schritt für Schritt nahe gebracht. Die erste Episode enthält nur einige wenige innere Monologe Stephens, die zwar an Länge und Komplexität zunehmen, aber kontextuell so weit eingebettet sind, dass ein oberflächliches Textverständnis gewährleistet bleibt: Wir werden in einige Hauptthemen (Vater-Sohn-Komplex, Verrat der Gastfreundschaft, Zugehörigkeit und Außenseitertum) und Bezugsebenen (die Bibel, Shakespeare, griechische Mythologie) des Romans eingeführt. In der zweiten Episode (*Nestor*) mehren sich Stephens innere Monologe, werden dabei kürzer und kryptischer, dafür gewinnt das äußere Geschehen an Prägnanz: Stephen unterrichtet ebenso lust- wie talentlos die Schüler einer Privatschule und bekommt anschließend seinen Lohn vom Rektor, der ihn mit reaktionären Ratschlägen traktiert. Stephen setzt sich mit provokativen Sentenzen zur Wehr: *Die Geschichte [...] ist ein Albtraum, aus dem ich zu erwachen versuche.*[179] Von seiner eigenen (privaten wie intellektuellen) Geschichte eingeholt wird Stephen sodann in der *Proteus*-Episode, in der er allein über den Strand spaziert. Das äußere Geschehen ist reduziert, Stephen schließt für wahrnehmungsphysiologische Experimente die Augen (Ist die Welt jetzt verschwunden?) und hängt ansonsten seinen komplizierten Gedanken nach, die wir als großflächige und schwer verständliche Monologpassagen zu bewältigen haben. Schwer verständlich müssen diese inneren Monologe sein, weil Proteus in der «Odyssee» ein ständig die Gestalt wechselnder Meeresgott ist, der sich nicht greifen und nicht festlegen lässt. *Verwandlung ist das Thema*, hat Joyce erläutert: *Alles verändert sich: Meer, Himmel, Menschen und Tiere. Auch die Wörter verändern sich.*[180] Selbst wenn wir Stephens Gedankengänge nicht ganz nachvollziehen können, nehmen wir aus dieser Episode doch einige Themen und Motive mit, die wir später wieder erkennen werden, nicht zuletzt das Bild einer Traumgestalt: *Als er mich letzte*

Nacht aufweckte, derselbe Traum, oder? […] Entsinn dich. Harun al Raschid. Ich komm' der Sache beinäher. Der Mann da führte mich, sprach. […] Nur herein. Treten Sie.[181] Dieses Bild deutet voraus auf Gastfreundschaft ohne Verrat und auf den Mann, der in den nächsten Episoden auftritt: Leopold Bloom.

Bloom lernen wir wie zuvor Stephen in einer Schilderung kennen, in die Splitter seines inneren Monologs hineingeblendet werden, wobei sofort der ganz andere Ton auffällt: Anders als Stephen ist Bloom ein pragmatischer Mann, der sich mit alltäglichen Dingen befasst. Joyce hat sich bemüht, eine Jedermann-Figur zu schaffen, die für den modernen Menschen schlechthin stehen kann. Ein Mensch wie jeder andere, ein typischer Dubliner ist Bloom allerdings nicht, wie wir bald erfahren werden. Zwar geht er neugierig und aufgeschlossen durch seine Stadt, zwar weiß er vieles (wenn auch nicht immer ganz richtig) und interessiert sich für vieles, doch ihm fehlt die oberflächliche Gewandtheit, die in Dublin (besonders in den Kneipen) so geschätzt wird.

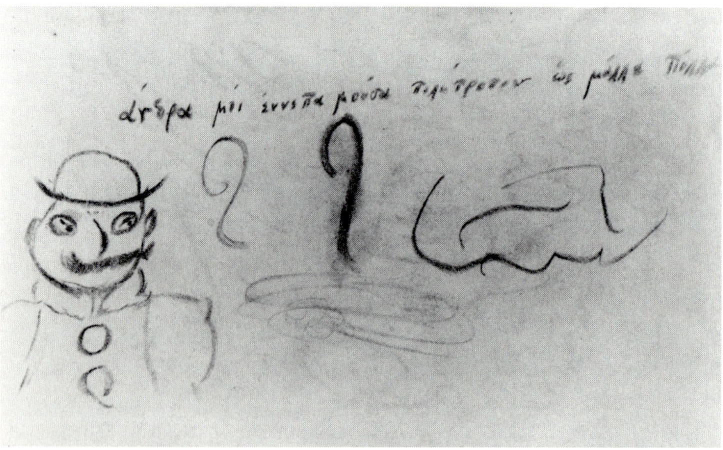

Leopold Bloom, von Joyce unter die Anfangszeile der «Odyssee» gezeichnet

Für seine Mitbürger ist Bloom ein *Trottel*[182] und *ein Riesenroß von einem Außenseiter*[183], Letzteres auch, weil er als Jude nicht ins konventionelle Bild des Dubliners passt. Im orthodoxen Sinn ist er freilich doch kein Jude, da nur sein Vater, nicht seine Mutter jüdischen Glaubens war und Bloom zudem (wie wir im *Nausikaa*-Kapitel erfahren werden) nicht beschnitten ist. Er passt in keine Schublade ganz hinein.

Die ersten drei Bloom-Kapitel laufen zeitlich parallel zu denen der *Telemachie*, wir haben Gelegenheit, die beiden Figuren in Beziehung zueinander zu setzen, und unauffällig baut Joyce ein Geflecht von Querbezügen auf. In *Telemach* verschattet eine Wolke die Sonne, und Stephen sieht die Dubliner Bucht als *ein Becken voll bitterer Wasser*[184]; in *Kalypso* verdunkelt diese Wolke auch die Gedanken Blooms, der eine *kahle Wüste* assoziiert: *Vulkanischer See, das tote Meer*[185]. Lässt sich diese Koinzidenz noch realistisch erklären (die Wolke, die von Sandycove aus wahrnehmbar ist, ist es auch von Dublin), so deuten andere Textdetails darauf hin, dass der *Ulysses* mehr ist als ein naturalistisches Stadtporträt. Beide Hauptfiguren gehen ohne Schlüssel aus dem Haus, und beide spielen sie mit dem Gedanken, ihre Existenz abzuschütteln – *Ich bin ein anderer jetzt und doch derselbe*[186], befindet Stephen, und Bloom überlegt sich: *Wenn wir nun alle plötzlich jemand anders wären!*[187]

Die ersten drei Bloom-Episoden sind gleichzeitig die ersten drei Abenteuer des Odysseus. Gemeinhin wird von den «homerischen Parallelen» des *Ulysses* gesprochen, doch das ist irreführend; Parallelen verlaufen ja stets in gleicher Richtung und gleichem Abstand, aber die Distanz des *Ulysses* zur «Odyssee» ist variabel und das Umsetzungsprinzip jeder Episode anders definiert. Manche *Ulysses*-Episoden weisen in Personal oder Handlungsablauf deutliche Entsprechungen zur «Odyssee» auf, während andere eher in Symbolik oder Motivik Anknüpfungspunkte bieten. In den ersten Bloom-Episoden hat Joyce noch sehr behutsam die sprachliche Oberfläche auf die jeweiligen Entsprechungen hin getrimmt. In den *Lotusessern* zum Beispiel ist der Erzählfluss eher träge, es ist (weil Bloom eine Drogerie aufsucht) viel von Blumen und Drogen die Rede, Bloom denkt an den Fernen Osten und sinniert: *Zu heiß, um sich zu streiten. Einfluß des Klimas. Lethargie. Blumen der Faulheit.*[188] Seine eigene Erhitztheit rührt daher, dass er als Henry Flower eine heimliche Korrespondenz mit einer Frau führt. Im nachfolgenden *Hades*-Kapitel wird der Erzählduktus dann härter, statt der Blumen tauchen Statuen im Text auf, und Bloom untersucht seine Fingernägel, um Blazes Boylan, den Liebhaber seiner Frau, nicht sehen zu müssen. Die Episoden sind in eine Grundstimmung, eine Metaphorik und eine semantische Ausrichtung getaucht, die dem jeweiligen homerischen Abenteuer entspricht. Identische Details können deshalb in verschiedenen Episoden auch verschiedenerlei auslösen. Als Bloom in der *Lotusesser*-Episode in einer Kirche sitzt, denkt er sich: *Guter Einfall, das Latein. Betäubt sie zuerst einmal.*[189] In der *Hades*-Episode auf dem Friedhof hört er wieder Latein, denkt sich nun aber etwas ganz anderes: *Kommen sich gleich werweißwie viel wichtiger vor, wenn Latein über ihnen gebetet wird. Requiem.*[190]

Nachdem die ersten sechs Episoden der Einführung und Parallelisierung der beiden Hauptfiguren dienten, geht es Joyce in den nächsten dreien darum, die Bezüge zu dynamisieren und Bloom und Stephen auf Tuchfühlung zu bringen. *Äolus* spielt in der Zeitungsredaktion, in der Stephen einen Leserbrief seines Rektors unterzubringen versucht und Bloom in seiner Eigenschaft als Anzeigenagent tätig ist; die beiden verpassen sich zweimal knapp. Da Äolus der Gott der Winde ist, gibt es allerlei Hin und Her; Türen werden aufgerissen und vom Durchzug zugeknallt, und die Figuren produzieren rhetorische heiße Luft: *Gräßlich geschwollenes Zeug. Aufgeblasene Säcke.*[191] Damit ist eine Leere geschaffen, die im nachfolgenden *Lästrygonen*-Kapitel gefüllt werden will: Es

Blooms Marschroute der «Lästrygonen»-Episode
ist im Dubliner Straßenpflaster markiert.

ist Mittag, deswegen haben alle Figuren Hunger, ihre Gespräche und Blooms innere Monologe sind folglich vom Vokabular des Essens und Verdauens unterfüttert. Erneut fragt sich Bloom, ob er stets derselbe bleibt: *Oder war das Ich? Oder bin Ich jetzt Ich?*[192]

In den *Lästrygonen* taucht Stephen, der ungern isst, nicht auf, dafür gehört ihm die nachfolgende Episode *Scylla und*

Charybdis fast allein: in der Nationalbibliothek trägt er seine «Hamlet»-Thesen vor (Joyce schlachtet hier die Shakespeare-Vorträge aus, die er 1912/13 in Triest hielt), und zudem beantwortet er unwissentlich Blooms Frage nach der Wandelbarkeit der eigenen Person aus der Episode zuvor: *Moleküle ändern sich alle. Ich bin jetzt ein ander Ich. [...] Aber ich, Entelechie, Form der Formen, bin ich kraft Gedächtnis, weil unter immer sich ändernden Formen.*[193] Da Bloom lange nicht auf der Bildfläche erscheint, muss Stephen vorübergehend den Part von Odysseus übernehmen, der zwischen Scylla und Charybdis (Aristoteles und Plato; Dogmatismus und Mystizismus; Leben und Kunst) seinen Kurs sucht; am Schluss dann wird Bloom wieder zum Odysseus: er geht zwischen Stephen und Mulligan *hinaus, sich verbeugend, grüßend*[194]. Auch Odysseus ist gleichsam *unter immer sich ändernden Formen* präsent, Joyce meidet starre Zuordnungen.

Selbst die Dynamik, die er in der Ausgestaltung seiner neun ersten *Ulysses*-Kapitel entwickelt hat, scheint Joyce an dieser Stelle ein bisschen zu starr zu werden; in *Scylla und Charybdis* mehren sich die Zeichen erzählerischer Ungeduld. In das Textgewebe drängen Elemente, die den Prinzipien einer mimetischen Wirklichkeitsabbildung nicht mehr gehorchen und die bisherige Trennung zwischen der Bewusstseinsdarstellung im inneren Monolog und der Außenweltdarstellung im Erzählerbericht aufbrechen. Der Erzählerbericht geht zeitweilig in Notenschrift, Verse und Dramentext über und lässt sich vom Vokabular der Figuren anstecken: *Sie sprachen ernstlich von des Spötters Ernst.*[195] Mit *Scylla und Charybdis* hat Joyce in der Mitte seines Romans die Grenzen der mimetischen Weltdarstellung erreicht; in dem, was jetzt folgt, wird er diese Grenzen überschreiten.

Wandlungen: Die späten Stile des «Ulysses»

In den ersten Monaten des Jahres 1919 beginnt sich der Charakter des *Ulysses* stark zu verändern.[196] Die nun entstehenden Episoden stoßen zu neuen Ausdrucksformen vor, aber auch die bisherigen werden von Joyce gründlich überarbeitet. Nachträglich werden Querbezüge eingebaut, die zuvor noch relativ uniformen Episodenstile individualisiert, außerdem in die *Äolus*-Episode Schlagzeilen als Zwischentitel eingefügt, die das Konzept der realistischen Darstellung sprengen. Das ursprüngliche Ordnungssystem bleibt unter dem neuen allerdings sichtbar, wie bei einem Palimpsest liegen mehrere Textschichten übereinander. Joyce begreift sein Verfahren, mitten in der Arbeit das Konzept des entstehenden Werks umzukrempeln, als künstlerische Notwendigkeit: *Beim Schreiben gilt es, eine sich unaufhörlich verändernde Oberfläche zu schaffen, diktiert von der Stimmung und dem augenblicklichen Impuls, im Gegensatz zur unveränderlichen Stimmung des klassischen Stils […]: heutzutage ist alles im Fluß und Wandel begriffen, und moderne Literatur, die etwas taugen soll, muß diesen Prozeß ausdrücken.*[197]

Ursprünglich hätte *Scylla und Charybdis* die Mittelachse des *Ulysses* bilden sollen, doch dann fügt Joyce im Anschluss eine ungeplante weitere Episode ein, die *Irrfelsen*: Sie bilden als Mikrokosmos die Makrostruktur der Stadt ab, durch die Bloom und Stephen sich bewegen. In kurzen Einzelszenen, die alle gleichzeitig spielen, erleben wir mehrere Dutzend Einwohner bei ihren Verrichtungen. Die erste Szene gehört Hochehrwürden John Conmee, die letzte dem Vizekönig: Den Rahmen bilden also die geistliche und die weltliche Macht. Bloom, dem die zehnte der neunzehn Szenen gewidmet ist, steht mithin im Zentrum, fällt andererseits aber aus dem Dubliner Getriebe heraus, weil die Episode als Spiegel des ganzen Romans streng genommen nur achtzehn Szenen haben dürfte: Bloom bleibt in Dublin der Außenseiter. Erstmals im Roman präsentiert Joyce zudem im inneren Monolog die Gedanken weiterer Figuren neben Stephen und Bloom, die Perspektiven werden also vervielfacht, die Blickwinkel der Hauptfiguren relativiert.

Die *Irrfelsen*-Episode ist die größte Näherung an das von Joyce proklamierte Ziel, *ein so vollständiges Bild von Dublin [zu] vermitteln, daß die Stadt, wenn sie eines Tages plötzlich vom Erdboden verschwände, nach meinem Buch wieder aufgebaut werden könnte*[198]. Doch die Illusion des äußeren Realismus durchkreuzt Joyce, indem er aus den einzelnen Szenen kleine Textstücke (wie herumirrende Inseln) herausbricht und als Fremdkörper in andere Szenen einmontiert. Damit wird das mimetische Darstellungsprinzip durchbrochen, stattdessen wird nun der Roman als Kunstwerk eigenen Rechts und eigener Gesetze Realität: im Spiel aus Form und Sprache. Im nächsten Kapitel, der *Sirenen*-Episode, gibt es dann keinen gewohnten Erzählerbericht mehr und auch keinen inneren Monolog, sondern das gesamte Geschehen wird in Lautmusik überführt, die Joyce sich als achtteilige *Fuga per canonem* gedacht hat: *[…] ich wußte nicht, wie anders ich die Verführung durch die Musik beschreiben sollte, die Odysseus vorbeifahrend hört.*[199] Figuren und Geschehen werden nicht eigentlich beschrieben, sondern lautmalerisch erfasst und ins je eigene Vokabular leitmotivischer Klangfarben überführt, sodass beispielsweise ein blinder Klavierstimmer, der sich dem Schauplatz nähert, durch ein sich verdichtendes *Tapp* angekündigt wird: *Tappblind ging tappend ein Blinder am Bordstein tapp Bordstein, hin, Taptapp um Tapp.*[200] Bloom, der die Klangfarben eines *Blau Bloomelein im Kornfeld*[201] annimmt, hält sich am Rande des Geschehens in der Ormond-Bar, *einsam bloomend*[202] meidet er die Begegnung mit Boylan, der von hier aus zu Molly aufbricht.

Nachdem Joyce so einen völlig neuen Schreibstil erprobt hat, parodiert er in den drei nachfolgenden Episoden virtuos bestehende Stile. Der *Zyklop* ist eine Montage aus der Knei-

Plakat zur «Ulysses»-Verfilmung von Joseph Strick (1967): Bloom (Milo O'Shea) diskutiert mit dem «Bürger» (Geoffrey Golden).

penerzählung eines anonymen Schuldeneintreibers und einer monströs überzeichnenden Heldenerzählung; beide Erzählweisen klaffen ebenso grotesk auseinander wie die Selbst- und die Fremdwahrnehmung der Figuren. Die Heldenprosa lässt Bloom als *O'Bloom, des Rory Sohn*[203] die Kneipe betreten, doch für die Trinker ist er *Unser Herr Klugscheißer* und *Old Dorschauge*[204]; schließlich beschimpft der nationalistische «Bürger» (die moderne Verkörperung des einäugigen Riesen bei Homer) Bloom seiner jüdischen Herkunft und seiner Mahnungen zu Toleranz und Liebe wegen, und nur mit Mühe entgeht *Ben Bloom Elias*[205] dem erhitzten Pöbel.

Auch die *Nausikaa*-Episode kombiniert zwei verschiedene Stile, allerdings streng nacheinander. Zunächst wird die halbwüchsige, von sauberen Kleidern und der reinen Liebe träumende Gerty MacDowell in kitschig-schwülstiger Prosa, *ganz wie sie es in dem Buch «Der Laternenanzünder» von Miss Cummins gelesen*[206], dabei geschildert, wie sie einen Fremden am Strand von Sandymount zunächst beobachtet (*[...] der Herr [...] sah durch und durch aristokratisch aus*[207]) und dann erregt, indem sie ihm während des Feuerwerks einen langen Blick unter ihre Kleider gewährt. Als Gerty schließlich den Strand verlässt, schaltet Joyce sofort um auf den *Ulysses*-Anfangsstil, und Blooms letzter innerer Monolog des ganzen Buches gibt seine Sicht der Dinge preis: *Klebt. Naja, die Vorhaut ist nicht wieder drüber. Lieber losmachen.*[208] Mit Blooms heimlichem Orgasmus hat sich die Episode verwandelt, der schwülstige Kitsch wird zu nüchterner Prosa entzaubert, der *geheimnisvolle Mann am Strand*[209] zu Bloom, der sich über das ganze Geschehen wundert: *Warum mich? Weil du so fremd warst, anders als die andern.*[210]

Den Höhepunkt der Stilparodien im *Ulysses* stellt die *Sonnenrinder*-Episode dar, in der Joyce versucht, *das Verbrechen gegen die Fruchtbarkeit durch Sterilisierung des Geschlechtsaktes* in einem wüsten Gelage unter Studenten in der Entbindungsklinik darzustellen, die Bloom aus Mitleid mit einer in den Wehen liegenden Bekannten aufsucht. In Analogie zum neunmonatigen Wachstum des ungeborenen Kindes bildet Joyce die Entwicklung der englischen Sprache nach, indem er eine Fülle verschiedener Stile vom frühen Angelsächsisch bis zum modernen Slang parodiert. *Dieser Progress ist gleichzeitig in jedem seiner Teile subtil mit einer der vorhergehenden Episoden des Tages verknüpft und außerdem mit [...] den Perioden der Evolution der Tierwelt im allgemeinen. Das doppelt dröhnende angelsächsische Motiv wiederholt sich von Zeit zu Zeit [...], um den Eindruck von Rinderhufen zu erwecken. Bloom ist das Spermatozoon, das Hospital der Uterus, die Krankenschwester das Ovum, Stephen der Embryo.*[211] Während unter großen Beschwerden ein Kind, die Sprache und eine neue Art Roman zur Welt kommen, begegnen sich zum ersten Mal *Jung Prahlhans und der Herr Fürsichtige Besennftiger*[212], der inzwischen stark angetrunkene Stephen und der *wandeler Leopold*[213]. Als wolle er unterstreichen, dass sich erst mit der Stilvielfalt der späteren *Ulysses*-Episoden der Roman verwirklicht, baut Joyce in dieses Kapitel auch noch eine ironisierende Selbstbeschreibung ein und spricht von *dieser geschwätzigen, allumfassenden, mischmaschigen Chronik*[214] – in der Tat erweitert Joyce das Spektrum des *Ulysses*, bis das Buch auf enzyklopädische Weise praktisch alle beliebigen Welt- und Sprachphänomene zu umschließen vermag. Die Kapitel, die zwischen Anfang 1919 und Mitte 1920 in Zürich und Triest entstehen, entsprechen am perfektesten der Beschreibung, die Joyce kurz nach seinem Umzug nach Paris vom *Ulysses* gibt: *Es ist […] eine Art Enzyklopädie. […] Jedes Abenteuer (das heißt, jede Stunde, jedes Organ, jede Kunst, die im Strukturplan des Ganzen untereinander verbunden und in Beziehung gesetzt sind) sollte die ihm eigene Technik nicht nur konditionieren, sondern sie auch aus sich selbst heraus erschaffen. Jedes Abenteuer ist sozusagen eine Person, obwohl es sich aus mehreren Personen zusammensetzt – wie Thomas von Aquin es von den himmlischen Heerscharen berichtet.*[215]

In Paris verwandelt sich das Buch jedoch erneut. Joyce lässt die parodistische Phase hinter sich und entwickelt für die verbleibenden vier Episoden neue eigene Stile, die auf komplexe Weise realistische Abbildung mit symbolistischer Vernetzung überblenden. Als Erstes entsteht so die *Circe*-Episode, die den *Ulysses*-Mittelteil (die Wanderungen) abschließt. An Budgen schreibt Joyce, die Episode werde *eine Kostüm-Episode. Vermummungen. Bloom wechselt ein halbes dutzendmal seine Kleider. […] Der Rhythmus entspricht einer Bewegungsataxie.*[216] Bewegung und Verwandlung fallen also in eins, und beide unterlegen sie Störungen, die inhaltlich begründet sind. Joyce legt *Circe* als Lesedrama an, als wilde Walpurgisnacht im Rotlichtbezirk, bei der äußere Realität und die Vorstellungswelten Blooms und Stephens prinzipiell

James Joyce in Paris während der Arbeit am «Ulysses»

gleich behandelt werden. Stephen ist inzwischen stark betrunken, deswegen phantasiert er, und seine Phantasmagorien greifen leibhaftig in das Geschehen ein. Bloom trinkt nicht, seine Phantasien entspringen Scham- und Schuldgefühlen (ausgelöst dadurch, dass er ein Bordell betritt) und den Erinnerungen an seine ungarischen Vorfahren (ausgelöst durch das orientalische Ambiente der Nachtstadt). Alle diese Ängste und Phantasien werden Realität, eine Realität freilich, die Sprache und Text ist. Als Bloom in einen konkaven Spiegel schaut, wird er zum *liebesverlassenen langverlore-*

nen lugubrun Booloohoom, im Konvexspiegel zu *Jollypoldy, dem Rixdixdoldy*[217]. Die Sprachoberfläche ermöglicht es uns, unter dem Wirbel der Phantasien das Realgeschehen immer noch zu erkennen, nämlich daran, dass Bloom es im gewohnten Duktus seines inneren Monologs verzeichnet: *Weshalb lauf ich ihm eigentlich nach? Immerhin, er ist noch der beste von dem ganzen Verein.*[218]

Bei Stephen sind solche Unterscheidungen kaum noch möglich, da der Alkohol ihm den Kopf vernebelt; seine Phantastereien biegt er in die Realität zurück, zerschlägt dabei einen Kronleuchter und läuft davon. Auf der Straße wird er von einem Soldaten namens Carr niedergeschlagen, und Bloom kümmert sich als Samariter um den Bewusstlosen: Das ist der Moment, in dem Bloom und Stephen in Vater-Sohn-Beziehung zueinander treten, und zwar genau durch die Verwandlungen, die Joyce in dieser Episode inszeniert. In den vorherigen Kapiteln hat der *Ulysses* einen Körper ausgebildet, jede Episode übernimmt die Funktion eines Organs,

Der Körper des Ulysses (10–18)

II	10 Irrfelsen	Blut
	11 Sirenen	Ohr
	12 Zyklop	Muskeln, Knochen
	13 Nausikaa	Auge, Nase
	14 Sonnenrinder	Gebärmutter, Schoß
	15 Circe	Bewegungsapparat, Skelett
III	16 Eumäus	Nerven
	17 Ithaka	Säfte, Skelett
	18 Penelope	Fett

Nach den von Joyce in Umlauf gebrachten Schemata (Ellmann: Odysseus in Dublin, Beilage)

und in *Circe* vollzieht dieser Körper gleichsam einen sprachlichen Geschlechtsakt, der einen Roman ganz neuer Art zeugt.

Auf den Geschlechtsakt folgt die «tristesse post coitum» der nächsten Episode, der ersten der *Heimkehr*. In *Eumäus* gibt es weder groteske Stilparodien noch phantasmagorische Ausbrüche, aber auch keinen inneren Monolog. Es ist auf den ersten Blick die konventionellste Episode der zweiten Romanhälfte, was auch daran liegen mag, dass Joyce einen ersten Entwurf dazu schon früh schrieb; die sprachlich-formale Erschlaffung wird aber auch vom Geschehen erfordert. Stephen leidet *an tödlicher allgemeiner Mattigkeit*[219], und Bloom ist müde, deswegen werden ihre Erlebnisse in der Kutscherkneipe in einer müden und matten Prosa, die von Stilblüten, Umständlichkeiten, Missverständnissen und Ungenauigkeiten wimmelt, erzählt. Die nachfolgende *Ithaka*-Episode präsentiert sich dann als das genaue Gegenteil, als Bemühung um Präzision *in Form eines mathematischen Katechismus. Alle Ereignisse werden aufgelöst in ihre kosmischen, physikalischen, psychischen etc. Entsprechungen, [...] so daß der Leser nicht nur alles erfährt, und zwar auf die nüchternste, nackteste Weise, sondern daß auch Bloom und Stephen dadurch zu Himmelskörpern werden, zu Wanderern wie die Sterne, zu denen sie aufschauen.*[220] Diese *Sublimierung Blooms und Stephens*[221] muss in einem tödlich starren Frage-Antwort-Schema daherkommen, weil ihre homerische Entsprechung die Tötung der Freier Penelopes ist.

Homers Penelope ist ihrem Gatten treu, Molly Bloom ist es nicht: Während Odysseus aus der griechischen Antike in die irische Gegenwart gewandert ist, hat sich auch Penelope ge- und verwandelt. Als Molly Bloom neben ihrem schlafenden Mann im Bett liegt, gehen ihr die Geschehnisse des Tages und ihres Lebens durch den Kopf, und aus diesem Gedankenstrom besteht das Schlusskapitel, ein einziger langer innerer Monolog ohne Punkt und Komma. Joyce hat *ein Buch von achtzehn verschiedenen Blickpunkten aus und in ebenso vielen Stilen*[222] schreiben wollen, und *Penelope* trägt die fehlende weibliche Perspektive nach. Nachdem *Proteus* den ersten Romanteil in der Verwandlung noch einmal Revue passieren ließ und *Circe* den zweiten, verwandelt *Penelope* jetzt den Roman insgesamt, indem es die wichtigsten Geschehnisse auf neue Weise noch einmal kommentiert. Molly gibt sich als ungebildet, dumm und sinnlich zu erkennen, doch sie ist so angelegt, dass sie sich dreht *wie der mächtige Erdball, langsam, sicher und gleichmäßig rund und rundherum, ihre vier Kardinalpunkte sind die weiblichen Brüste, Arsch, Uterus und Fotze, ausgedrückt durch die Wörter because, bottom […], woman, yes*[223].

Molly Blooms Monolog hat viele feministische Deutungen des *Ulysses* heraufbeschworen, doch Joyce zeigt sich in dieser Schlussepisode über sexistische Vorurteile keineswegs erhaben: Molly entspricht in vielerlei Hinsicht einem Frauenbild, wie es am ehesten Männer haben. Joyce hat sich in seinem Leben oft abfällig über Frauen geäußert. So erklärt er seinem Freund Francini Bruni 1907 allen Ernstes: *[…] die Frau ist ein Loch. Wir unterscheiden nicht zwischen einer Hure und einer Ehefrau, abgesehen davon, dass wir eine Hure für fünf Minuten haben und eine Ehefrau fürs ganze Leben.*[224] Zur gleichen Zeit lobt er Ibsen freilich ausdrücklich für seine femi-

1952 liest Marilyn Monroe den «Ulysses»; offenbar ist sie schon beim «Penelope»-Kapitel angelangt.

nistische Haltung, und das ist kein Widerspruch. Molly Bloom ist auch, aber nicht nur eine Projektionsfläche für die männliche Lust; Joyce schreibt ihr im Gegenzug auch eigene sexuelle Lüste ein, gestattet ihr, die Männer als ebensolche Sexualobjekte zu begreifen, wie sie selbst als eines begriffen werden kann. Leopold Bloom, den Angstlustprojektionen des *Circe*-Kapitels zufolge *ein vollendetes Exemplar des neuen weiblichen Mannes*[225], akzeptiert die Selbstbestimmung der Frau über ihren Körper und unterwirft sich Mollys sexueller Dominanz sogar so weit, dass er ihren Ehebruch hinnimmt. Bloom (der für eine feministische Lektüre womöglich fruchtbarer ist als Molly) bleibt auch deshalb Außenseiter in der auf chauvinistische Männerkumpanei gegründeten Dubliner Gesellschaft: Wie die Grenzen ethnischer und konfessioneller Zugehörigkeit werden auch diejenigen der geschlechtlichen Identität durch ihn in Frage gestellt, Selbstgewissheiten in Ungewissheit überführt.

Was das *ja ich will Ja*[226], mit dem Molly den Roman schließt, wirklich bedeutet, bleibt ungeklärt und unklärbar. Der *Ulysses* erweckt den Anschein, nichts zu verheimlichen, wir glauben, alles stehe darin, wenn auch oft so unscheinbar formuliert, dass wir es beim ersten Lesen nicht beachten – aber es stehen eben auch viele Ungewissheiten darin, es bleiben Leerstellen, die sich nicht füllen lassen. Wir werden nie erfahren, wer der unbekannte Mann auf dem Friedhof ist, der in der Zeitung aufgrund eines Missverständnisses *M'Intosh*[227] genannt wird; wir werden nie erfahren, welche Botschaft Bloom hinterlassen will, als er *ICH. […] BIN. EIN*[228] in den Sand schreibt und wieder auslöscht; wir werden nie erfahren, wie Martha Clifford wirklich heißt. Der *Ulysses* stellt immer neue Fragen, von denen er viele, freilich nicht alle beantwortet: Er entzieht sich fortwährend allen Versuchen, ihn ein für allemal festzulegen. In der beständigen Unruhe, die das bei der Lektüre hervorruft, liegt eine der großen Stärken des Romans.

Paris – Finnegans Nacht

Die dunkle Seele der Nacht

Als Joyce am 8. Juli 1920 in Paris eintrifft, hat Pound dort bereits den Boden für ihn bereitet: Die Literaturszene erwartet den Neuankömmling mit Spannung. *Paris ist wie ich*, wird Joyce später sagen, *eine überhebliche Ruine oder wenn man will, ein abgestürzter Zecher.*[229] Er erhält Einladungen von allen Seiten, und schon in den ersten Tagen lernt er Sylvia Beach kennen, eine junge Amerikanerin, die in Paris den englischsprachigen Buchladen «Shakespeare and Company» betreibt. Joyce kommt regelmäßig in den Laden und trifft dort die Schriftsteller der «verlorenen Generation»: zunächst Ernest Hemingway, Robert McAlmon, Djuna Barnes und auch Sherwood Anderson, später Archibald MacLeish, F. Scott Fitzgerald und den Komponisten George Antheil. Im Sommer 1920 besuchen ihn zudem T. S. Eliot und Wyndham Lewis auf der Durchreise; Lewis und Joyce trinken gern zusammen. Zu Weihnachten wird Joyce von Beach mit dem französischen Romancier Valéry Larbaud bekannt gemacht, der Joyce für ein Weilchen seine Wohnung überlässt und das *Ulysses*-Skript in höchsten Tönen lobt: «So groß wie Rabelais. Mr. Bloom ist unsterblich wie Falstaff.»[230]

Die Niederschrift der letzten Episoden des Romans zieht sich länger hin als geplant, wird von neuen Problemen mit den Augen unterbrochen und durch schlechte Nachrichten aus Amerika gehemmt. Der Vorabdruck in der «Little Review» kommt nach einer Klage zum Erliegen: Im Februar 1921 werden die Herausgeberinnen Margaret Anderson und Jane Heap wegen Verbreitung pornographischer Schriften zu einer Geldbuße von 50 Dollar und zur Einstellung des *Ulysses*-Abdrucks verurteilt. Joyce' amerikanischer Verlag

Für einen Fototermin besucht James Joyce 1938 ein letztes Mal Sylvia Beach (Mitte) und ihre Gefährtin Adrienne Monnier bei «Shakespeare and Company».

zieht daraufhin die Zusage zurück, das Buch ungekürzt zu publizieren, und auch das Vorhaben von Miss Weaver, den *Ulysses* in der «Egoist Press» herauszubringen, scheitert am Widerstand der Drucker. Da verfällt Joyce auf den rettenden Ausweg und bedeutet Sylvia Beach: *Ich fürchte, Sie werden es machen müssen.*[231] Eigens für den *Ulysses* mutiert der kleine Buchladen zum Verlag; geplant wird eine exklusive Subskriptionsausgabe von tausend Exemplaren. Auf der Liste der Vorbesteller stehen schon bald die Namen von vier zukünftigen Literaturnobelpreisträgern (Hemingway, Yeats,

André Gide, Winston Churchill), und Joyce frohlockt: *Ich bin ein Denkmal geworden – noch dazu ein vespasianisches.*[232]

Trotz neuerlicher Irisentzündungen und Ohnmachtsanfälle beendet Joyce am 30. Oktober 1921 die Niederschrift des Buches. Die Fahnenkorrektur nutzt er allerdings, um noch einmal erhebliche Textzusätze anzubringen, die manche Episoden um ein Drittel erweitern. Am 2. Februar 1922 (pünktlich zum 40. Geburtstag des Autors) treffen die ersten beiden Exemplare in Paris ein. Zunächst lassen die Reaktionen in der Presse etwas auf sich warten, und Joyce will schon einen Boykott vermuten, doch dann erscheinen einige größere Besprechungen in Paris und London. Joyce nimmt die Pressearbeit in die eigene Hand und entpuppt sich als Genie der Selbstvermarktung. Den Buchladen benutzt er als Büro, Post und Bank zugleich: Sylvia Beach führt nicht nur große Teile seiner Korrespondenz, sondern finanziert mit Honorarvorschüssen auch seinen zunehmend kostspieliger werdenden Lebensstil. Joyce macht es sich zur Gewohnheit, in teuren Restaurants zu speisen, üppige Trinkgelder zu geben und immer mit dem Taxi zu fahren; auf Reisen steigt er mit seiner Familie später meist in Luxushotels ab. Mit den *Ulysses*-Honoraren allein kann Joyce sich derlei freilich nicht leisten; Miss Weaver überträgt ihm immer wieder Wertpapiere, um ihn finanziell unabhängig zu machen. Nach heutiger

Kaufkraft belaufen sich die Schenkungen Weavers an Joyce auf rund eine Million Euro – dennoch gelingt es Joyce nie, damit auszukommen.

Mit dem Erscheinen des *Ulysses* ist Joyce ein Autor von Weltgeltung geworden, doch unter dem Rummel leidet sein Familienleben. Im April 1922 fährt Nora mit den Kindern nach Irland, offiziell *auf einige Monate*[233], tatsächlich mit dem Vorsatz, Joyce zu verlassen. Joyce schreibt ihr flehentlich hinterher: *O meine Liebste, wenn Du Dich doch nur jetzt zu mir kehren und das schreckliche Buch lesen wolltest, das mir das Herz in der Brust jetzt gebrochen hat, und mich zu Dir nähmest, allein, um mit mir zu machen, was Du willst!*[234] Nora wird den *Ulysses* niemals lesen, doch der irische Bürgerkrieg treibt sie nach Paris zurück. Sie wird Joyce noch mehrmals im Streit drohen, die Kinder zu nehmen und ihn zu verlassen, den Vorsatz jedoch nie verwirklichen.

Im August reist die Familie nach London, wo Joyce zum ersten Mal seine Gönnerin trifft. Harriet Shaw Weaver, die selbst ein spartanisches und abstinentes Leben führt und alles Geld, das sie nicht unbedingt braucht, freigebig verschenkt, ist schon zuvor durch Wyndham Lewis' Berichte über die Joyce'sche Trinkfreudigkeit aufgeschreckt worden und nun zusätzlich enttäuscht über die Verschwendungssucht ihres Schützlings, sichert ihm aber weitere Unterstützung zu. Der Aufenthalt in London endet unerquicklich, als Joyce von einer Bindehautentzündung heimgesucht wird; aus demselben Grund gibt er später im Jahr auch seinen Vorsatz auf, den Winter an der Côte d'Azur zu verbringen. Seine Augen machen ihm immer größere Probleme, deswegen lässt er sich im April 1923 dreimal operieren, fünf weitere Operationen folgen in den beiden nächsten Jahren. Der Erfolg ist allerdings nur mäßig. Sein Augenarzt Dr. Louis Borsch meint, die Probleme rührten von entzündeten Zahnwurzeln her, weswegen Joyce sich im Juni 1923 seine Zähne ziehen lässt. *Meine Sehkraft scheint sich sehr langsam zu bes-*

Nora, James und Giorgio Joyce in einem Pariser Restaurant; eine Augenklappe schützt sein kurz zuvor operiertes Auge.

sern[235], vermeldet er anschließend, doch auch dieser Erfolg ist nicht von Dauer.

Inzwischen arbeitet er an einem neuen Buch. Er wolle als nächstes *eine Geschichte der Welt schreiben*[236], hat er Miss Weaver wissen lassen, aber ebenso, wie im *Ulysses* Dublin exemplarisch für alle Städte weltweit steht, muss eine Geschichte der Welt, wenn Joyce sie schreibt, zunächst einmal eine Geschichte Irlands sein. Er liest Bücher über irische Geschichte und schreibt zwischen März und August mehrere kurze Texte über König Roderick O'Connor, Tristan und Isolde, St. Kevin und *die Bekehrung Irlands durch St. Patrick*[237], anschließend dann die *Mamalujo*-Episode über die vier Chronisten des frühen Irland, die vier Apostel und die vier irischen Provinzen. *Ich arbeite so viel ich kann*, schreibt Joyce an Miss Weaver, *weil dies keine Fragmente, sondern lebendige Elemente sind, und wenn mehr hinzukommen und sie ein bißchen älter sind,*

James Joyce 1923 im Urlaub in Sussex

werden sie sich von selbst ineinanderfügen.[238] Diese Texte sind die Keimzelle für das, was später *Finnegans Wake* werden wird; möglicherweise soll das Buch zunächst aber *Finn's Hotel* heißen[239] – den Titel verrät Joyce bis 1938 niemandem außer Nora. Anfangs sind die Texte in einer parodistischen Heldenprosa gehalten, setzen also das fort, was Joyce in der zweiten *Ulysses*-Hälfte gemacht hat, doch bei der Weiterarbeit bewegt er sich in die Richtung eines mehrschichtigen, von kalauernden Verschreibungen und Mehrdeutigkeiten geprägten Sprachduktus, der schließlich auch fremdsprachige Elemente aufnimmt.

Anfang 1924 steht das Konzept für das neue Buch in groben Zügen: Die Weltgeschichte soll sich in der Geschichte einer Vaterfigur namens Humphrey Chimpden Earwicker (HCE), seiner Frau Anna Livia Plurabelle (ALP) und der drei Kinder Shem, Shaun und Issy vollziehen; Earwicker hat im Dubliner Phoenix-Park eine voyeuristisch-exhibitionistische Sünde begangen, die aus unterschiedlicher Perspektive durchgesprochen wird; Anna Livia schreibt in dieser Sache eine Petition, die der Nachtzusteller Shaun überbringen soll. Joyce arbeitet zunächst an Teilen, die später in Buch I und Buch III des Romans aufgehen werden, wobei ihm anfangs nicht recht klar ist, wie beide Teile zu verbinden sein könnten: *Ich komme mir wie ein Ingenieur vor, der von zwei Seiten einen Berg durchbohrt. Wenn meine Berechnungen stimmen, müssen wir uns in der Mitte treffen.*[240]

Joyce ist inzwischen ein Name, um den sich viele Interessenten reißen. Ford Madox Ford möchte gerne etwas von ihm für eine neue Zeitschrift haben, und nach anfänglichem Widerstreben gibt Joyce ihm schließlich die *Mamalujo*-Episode. Sie erscheint im April 1924 in der «Transatlantic Review»

Drei Quarks für Muster Mark!
Natürlich ist er im Kläffen nicht stark
Und wasimmer er hat ist hier natürlich nicht gefragt.
Doch O, Zaunkönig Adlermächtger, wär un nicht als Gelerche
zu Himmel gejagt
Den alten Bussard zu sehn wie er uns Hemds wegen im Dunkeln
klagt
Und rumjagt nach uns gescheckter Hos rum um den Palmerstownpark?
Hohohoho, Mausermark!
Du bist der drollste alte Gockel der je aus Noahs Arch gestakt
Und du meinst du seist Hahn im Hag.

Dem Beginn der «Mamalujo»-Episode (FW 383; FWD 220) entnahm der Atomphysiker Murray Gell-Mann den Fachbegriff «Quarks» unter dem Titel *From a Work in Progress* (*Aus einem im Entstehen befindlichen Werk*). Das noch namenlose neue Buch heißt von nun an provisorisch *Work in Progress. Mamalujo* als erster Ausschnitt findet allerdings gerade bei alten Joyce-Anhängern nicht viel Anklang. Stanislaus Joyce schreibt seinem Bruder: «Ich weiß nicht, ob dieses sabbernde Gefasel [...] mit der bewußten Absicht geschrieben ist, den Leser an der Nase herumzuführen oder nicht. [...] Oder es ist das vielleicht – ein traurigerer Rückschluß – eine beginnende Hirnerweichung.»[241] Ähnlich skeptisch äußert sich Pound, der meint, nichts könne «diesen Aufwand an umschweifiger Einkreisung rechtfertigen, es sei denn die göttliche Vision oder ein neues Allheilmittel gegen Tripper»[242], und Joyce muss zur Kenntnis nehmen, dass auch Miss Weaver, deren Wohlwollen er auf keinen Fall verspielen möchte, auf die ihr zugeschickten Manuskripte auffällig wortlos reagiert. Als Miss Weaver im Oktober 1924 in Paris ist, erlebt sie Joyce zudem erstmals betrunken und ist entsetzt; Joyce trinkt zu dieser Zeit üblicherweise jeden Abend zwei Flaschen Weißwein.

Joyce erleidet vor Überarbeitung Nervenzusammenbrüche und erfährt von Dr. Borsch, dass er an grauem Star leidet, schreibt aber weiter. Anfang Juni 1925 zieht er in eine Wohnung am Square Robiac, die erste in Paris, in der er länger als ein paar Monate bleibt. Gleichzeitig kommt ihm der Einfall, seinem Buch die zyklische Geschichtstheorie von Giambattista Vico zugrunde zu legen. Schon in Triest hat Joyce befunden, die Ideen Sigmund Freuds seien durch Vico vorweggenommen worden, und nun erkennt er Vicos vierstufiges System als brauchbar für seine eigenen Zwecke: *[...] meine Phantasie wird angeregt, wenn ich Vico lese, wenn ich dagegen Freud oder Jung lese, überhaupt nicht.*[243] Vico bringt Joyce auf die Idee, in seinem Buch alles Geschehen im Traum immer wieder durchzuspielen. Zur Unterfütterung liest er dann doch die Fallgeschichten Freuds, vor allem zum Ödipus-Komplex, den Joyce in *Work in Progress* allerdings variiert:

Giambattista Vico (1668 – 1774). Anonymes zeitgenössisches Gemälde

Statt der Mutter-Sohn-Beziehung stellt er ein inzestuöses Verlangen des Vaters nach der Tochter dar.

Während Joyce die bereits geschriebenen Teile von *Work in Progress* unablässig überarbeitet und sehr viel liest, machen ihm seine Augen erneut zu schaffen. Anfang 1926 ist er fast blind: *[...] ich bin völlig deprimiert. Ich möchte etwas arbeiten, aber mein Zustand läßt es nicht dazu kommen.*[244] Später im Jahr entwickelt er immerhin den Gesamtplan seines Buches weiter: Als Verbindung zwischen den weitgehend entworfenen Teilen I und III plant er vier Kapitel, die das abendliche Treiben vor und in jenem Pub, dessen Wirt Earwicker sein soll, schildern, verbunden mit der Idee, die Teile II und III als Abfolge einer einzigen Nacht anzulegen.

Im September besucht Joyce während eines Belgien-Urlaubs das Schlachtfeld von Waterloo. Gleichzeitig hat er die Idee, Miss Weaver um einen «Auftrag» zu bitten. Sie schickt ihm darauf Fotos von Hünengräbern in Cumberland und «bestellt» «einen vollständigen Grabbericht von seiner wertgeschätzten Hoheit Rhaggrick O'Hoggnors Hogg Grabmal»[245], womit sie Joyce genau die Ideen liefert, auf die er gewartet hat: Er wird sein Buch jetzt als Traum eines toten oder schlafenden Riesen anlegen, der an der Liffey-Mündung in der Landschaft liegt und das Weichbild Dublins bildet. Dieser Riese ist der keltische Sagenheld Finn MacCool und gleichzeitig jener Maurer Tim Finnegan, der in einem bekannten Lied von der Leiter fällt, aufgebahrt wird und zu neuem Leben erwacht, als die streitende Trauergemeinde ihn versehentlich mit einigen Tropfen Whiskey bespritzt. Das Textstück, das Joyce auf Miss Weavers «Bestellung» schreibt, reißt die wichtigsten Themen des Buches an und wird deshalb später im Buch die Eingangspassage bilden.

Im Herbst 1926 gewinnt Joyce neue Mitstreiter in dem polyglotten Lothringer Eugène Jolas und seiner amerikanischen Frau Maria. Jolas ist dabei, die Zeitschrift «transition» zu gründen, in der dann ab April 1927 das *Work in Progress* kapitelweise erscheint. Jolas versteht seine Zeitschrift als Speerspitze der literarischen Avantgarde. Im Konzept einer «Revolution des Wortes» fließen die Einflüsse der Psychoanalyse, des Surrealismus und des Expressionismus zusammen, mit denen Joyce freilich nur oberflächlich zu tun hat, denn der künstlerische Kontrollverlust, wie diese Schulen ihn praktizieren, ist nicht sein Ziel.

1927 ist ein Krisenjahr für Joyce. In Amerika fällt der *Ulysses* dem Raubdrucker Samuel Roth zum Opfer; Joyce kann juristisch nichts erreichen, auch wenn sein öffentlicher Protestbrief von 167 Autoren unterschrieben wird, unter ihnen Benedetto Croce, Knut Hamsun, Thomas Mann und Albert Einstein. Miss Weaver mag nicht mehr verhehlen, dass sie *Work in Progress* für einen Irrweg hält: «Mir scheint, Sie verschwenden Ihre dichterische Kraft.»[246] Und Wyndham Lewis, dem Joyce im Jahr zuvor für eine neue Zeitschrift ein Stück aus *Work in Progress* gegeben hat, veröffentlicht nicht diesen Text, sondern einen heftigen Angriff auf Joyce, dem er vorwirft, er sei «auf der einen Seite fast gänzlich in literarischen Unfug verfallen und auf der anderen Seite in Kinderspielchen à la [Gertrude] Stein»[247]. Joyce erklärt später, dass Lewis' *feindselige Kritik bei weitem das Beste ist, was erschien*[248], und fügt in die nächsten «transition»-Lieferungen die beiden Fabeln *Der Mauchs und Der Traufen* und *Der Aumvaise und der Gnadshoffer* ein, in denen er Lewis als rechtschaffenen Griesgram und sich selbst als leichtfertigen Künstler karikiert.[249] Es sind für lange Zeit die letzten Textteile, die Joyce ganz neu schreibt, ansonsten beschäftigt er sich nur noch mit Überarbeitungen.

Da viele alte Freunde sich von ihm abgewandt haben, hat Joyce einen neuen Kreis von Bewunderern um sich geschart, zu dem vor allem das Ehepaar Jolas, der früh pensionierte englische Kolonialbeamte Stuart Gilbert, der Schriftsteller Padraic Colum und seine Frau Mary sowie zwei junge irische Austauschlektoren, Thomas MacGreevy und Samuel Beckett, gehören. Sie alle beschaffen Joyce Bücher, lesen ihm vor und helfen ihm bei Korrekturarbeiten. Joyce versteht es

Samuel Beckett, um 1930

meisterlich, andere für sich einzuspannen; Nora bemerkt einmal zu MacGreevy: «Wenn Gott persönlich vom Himmel runter käme, würde dieser Kerl ihm noch Arbeit aufhalsen.»[250]

Angesichts der *Feindseligkeit und Entrüstung, die man meinem Experiment, ‹die dunkle Nacht der Seele› zu interpretieren, entgegenbringt*[251], verfällt Joyce schließlich auf die absurde Idee, sein Buch vom Schriftstellerkollegen James Stephens weiterschreiben zu lassen: *Wenn er bereit wäre, auf drei oder vier Punkte zu achten, die ich für wesentlich halte, und ich ihm die Fäden an die Hand gäbe, könnte er das Geplante zu Ende führen.*[252] Stephens lässt sich zwar eingehend instruieren, lobt Joyce aber so überschwänglich, dass der beschließt, noch einen letzten Versuch zu machen, die Welt (oder zumindest Miss Weaver) zu überzeugen. Das Kapitel *Anna Livia Plurabelle* überarbeitet er immer wieder, bis er es geschafft hat, auf perfekte Weise die *Worte dem Rhythmus des Wassers unterzuordnen*[253], wie es ihm dieser Evokation der archetypischen Flussfrau angemessen scheint. Anfang 1928 besucht Miss Weaver Joyce; verzweifelt sucht er ihr sein Buch umfassend zu erklären, und sie versichert ihn ihrer weiteren Unterstützung.

Während der Abdruck von *Work in Progress* in «transition» fortschreitet, machen Joyce private Probleme zu schaffen. Giorgio ist beruflich desorientiert und möchte eine Gesangskarriere probieren; Lucia bricht auf Druck der Mutter ihre Tanzkarriere ab und versucht sich als Kalligraphin. *Mit meiner Lesefähigkeit scheint es zu Ende zu sein*, schreibt Joyce Anfang 1929 seinem Bruder, *aber man hat mir gesagt, daß beide Augen noch einmal operiert werden müßten.*[254] Er ist kaum noch imstande, seine Texte zu überarbeiten, und nachdem er im Herbst erfährt, dass «transition» auf unbestimmte Zeit das Erscheinen einstellt, lässt er seine Arbeit fast ganz fahren und spielt mit dem Gedanken, Paris zu verlassen. Ein neues Betätigungsfeld findet er allerdings in der Förderung des irisch-französischen Sängers John Sullivan, der *wahrschein-*

lich einer der ausdrucksvollsten dramatischen Tenöre unserer Zeit und ein großer Bewunderer meiner Bücher[255] ist. Joyce glaubt, Sullivan werde vom Musikbetrieb boykottiert, und setzt sich jahrelang unter großem Aufwand an Zeit und Energien für ihn ein – anfangs wohl auch, weil er sich davon Vorteile für die Karriere Giorgios erhofft.

Sein schwindendes Augenlicht zwingt ihn schließlich zum Handeln. Dr. Borsch ist gestorben, ein anderer Arzt, den Joyce in Paris konsultiert, bringt die These ins Spiel, die Probleme rührten womöglich von einer angeborenen Syphilis her – das erschreckt Joyce begreiflicherweise. Bekannte empfehlen ihm, zwei Spezialisten zu konsultieren, Alfred Vogt in Zürich und Hermann Pagenstecher in Wiesbaden. Am 19. April 1930 schreibt Lucia im Auftrag ihres Vaters an Miss Weaver, Joyce habe «seine Besuche bei Dr. Pagenstecher heute abgeschlossen, der die Meinung von Dr. Vogt aus Zürich in allen Punkten bestätigt» – die Syphilistheorie sei auszuschließen.[256] Mitte Mai lässt sich Joyce daraufhin mit Erfolg von Vogt operieren, sieht nun besser als seit Jahren, hält das aber geheim, bis er Ende Juni die Pariser Oper besucht. Nach einer von Sullivan gesungenen Arie erhebt sich Joyce theatralisch, nimmt seine dunkle Brille ab und ruft aus: *Ich danke Dir, Gott, für dieses Wunder. Nach zwanzig Jahren sehe ich wieder das Licht.*[257]

Wut und Verzweiflung eines Blinden

Ende November 1930 heiratet Giorgio die geschiedene und zehn Jahre ältere Amerikanerin Helen Fleischman, zunächst sehr gegen den Willen Noras. Joyce sind inzwischen weitere Helfer abhanden gekommen. Lucia hat sich in Beckett verliebt, der sie abweist und auf Drängen Noras von Joyce verstoßen wird. Zudem kühlt sich das Verhältnis zu Sylvia Beach ab, die den Joyce'schen Plänen im Weg steht, einen lukrativen Vertrag über den *Ulysses* in Amerika zu schließen.

Joyce schickt Colum so lange zu ihr, bis sie ihren Vertrag entnervt annulliert; Beach beschreibt Joyce in der ersten Fassung ihrer Memoiren später als harten Geschäftsmann: «Er glaubt, wie Napoleon, daß seine Mitmenschen nur für ihn da sind. Er würde ihre Knochen mahlen, um sein Brot zu backen.»[258] Erst sehr viel später wird Joyce erkennen, *daß sie mir die zehn besten Jahre ihres Lebens geschenkt hat*[259]. Die Aufgaben, die bisher Sylvia Beach erledigte, übernimmt nun der studierte Soziologe Paul Léopold Léon, ein russischer Jude, der seit der Oktoberrevolution in Paris lebt; fortan ist er so etwas wie Joyce' unbezahlter Sekretär und Vertrauter.

Im Winter 1930/31 versucht Joyce, endlich wieder an *Work in Progress* zu arbeiten, schafft aber in fünf Monaten nur zwanzig Seiten des lange geplanten Buchs II. Seine Stimmung ist desolat; aus Geldmangel fällt seine Geburtstagsfeier aus, und da er sich in Paris nicht mehr wohl fühlt, kündigt er die Wohnung, gibt die meisten Bücher weg und zieht Ende April mit seiner Familie nach London. Ein Grund dafür ist, dass Joyce im Interesse der Kinder seine Beziehung mit Nora legalisieren lassen will: Zwar gibt sich Nora seit ihrer Ankunft in Triest 1904 als seine Frau aus, tatsächlich haben die beiden aber nie geheiratet. Am 4. Juli 1931 (dem Geburtstag von John Stanislaus Joyce) wird das vor dem Standesamt Kensington mit einer Prozedur nachgeholt, von der zu Joyce' Verdruss die Presse Wind bekommt.

Lucia, die die Impulsivität des Vaters geerbt hat, kehrt im August nach Paris zurück. Ihre Eltern folgen Ende September, behalten jedoch die Wohnung in London bei, da sie beabsichtigen, jährlich dorthin zurückzukehren – das werden sie nie tun, und die Wohnung bleibt eine finanzielle Last, die Joyce nur unter vielen Mühen wieder los wird. In Paris lebt unterdessen das nomadische Leben der frühen Jahre wieder auf.

Als am 29. Dezember 1931 in Dublin sein Vater stirbt, verfällt Joyce in völlige Apathie, ihn quält sein Gewissen, *daß ich so viele Jahre lang nicht nach Dublin gefahren bin, um ihn zu besuchen*[260]. Im Gegensatz zu Stanislaus Joyce und seinen Schwestern hat James Joyce innerlich nie mit dem Vater gebrochen, zumal er weiß: *Hunderte von Seiten und Dutzende von Personen in meinen Büchern verdanke ich ihm. Über seinen trockenen (oder eher feuchten) Witz und den Ausdruck seines Gesichts habe ich mich oft gebogen vor Lachen. […] Ich erbte von ihm seine Porträts, eine Weste, eine gute Tenorstimme und eine zügellose und leichtfertige Veranlagung (der allerdings ich ein Gutteil des Talents verdanke, das ich vielleicht habe).*[261] Joyce denkt daran, *Work in Progress* endgültig aufzugeben, als ein weiteres Familienereignis ihn aus seiner Lethargie reißt: Am 19. Februar 1932 wird sein Enkel Stephen geboren. Joyce schöpft neuen Mut, der auch auf seine Arbeit abfärbt; kurz darauf kann er Miss Weaver endlich wieder ein neues Textstück schicken.

Gleichzeitig bahnt sich freilich die Tragödie seines Lebens an. Am 2. Februar, seinem Geburtstag, hat Lucia einen Stuhl nach Nora geworfen, weil sie meint, sie habe ihre Beziehung zu Beckett vereitelt. Es ist offenkundig, dass Lucia ernste Probleme hat, die vorschnell als hebephrenische Psychose (eine Form von Schizophrenie) diagnostiziert werden, was Joyce allerdings nicht akzeptiert. Zu Lucia hat er eine besonders enge Bindung; sie ist das einzige Mitglied der Familie, das sich für seine Arbeit interessiert, und sie hängt so sehr an ihm, dass ihr schon allein die Aussicht, einmal einen anderen Mann in ihr Leben zu lassen, Gewissensbisse verursacht. Gleichzeitig bekennt sie freilich, sie sei «sexuell ausgehungert»[262], und bekundet ihre Absicht, unbedingt vor ihrem 25. Geburtstag heiraten zu wollen. Rasch wird eine Verlobung mit Léons Schwager Alexander Ponisovsky arrangiert, die nur wenige Tage hält. Da Lucia nicht mehr bei ihren Eltern wohnen will, wird sie ein paar Tage bei Léon, dann bei Mary Colum untergebracht, was jedoch desaströs endet. Eine Ärztin empfiehlt, sie für sechs Wochen in ein Sanatorium einzuweisen; Joyce beschließt stattdessen, sie mit einer Pflegerin zum Ehepaar Jolas nach Feldkirch in Vorarlberg zu schicken, während er selbst sich zu einer lange überfälligen Untersuchung zu Vogt nach Zürich begibt.[263]

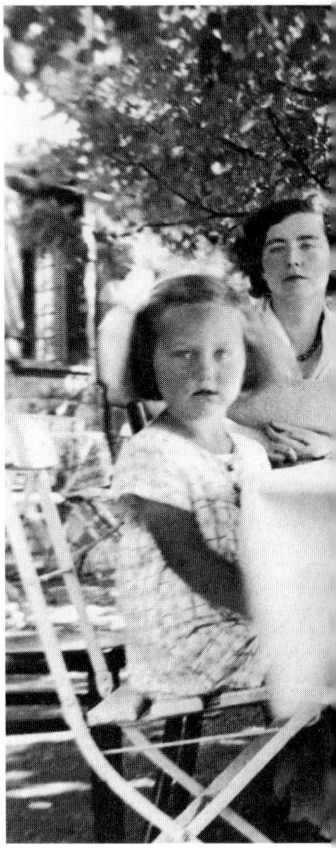

Mühsam beendet Joyce in dieser Zeit Kapitel II.1 von *Work in Progress*, nachdem Jolas ankündigt, demnächst werde «transition» wieder erscheinen, und schreibt entmutigt an Weaver: *O Gott, ich kann nicht mehr schreiben. Es scheint, dass ich Ihr ganzes Geld in den Ozean werfe.*[264] Ein halbes Jahr verbringen Joyce und Nora in teuren Hotels, während der Kurs des Pfundes rapide fällt, doch Miss Weaver beschließt zu dieser Zeit, Joyce nicht mehr länger zu ermahnen, er solle sein Geld (das eigentlich ihres ist) nicht verschwenden «wie ein betrunkener Matrose»[265].

Das Jahr 1933 ist von anhaltender Schreibblockade geprägt; Joyce stöhnt nur (*soll doch alles in die Brüche gehen*[266]), trinkt mehr denn je, leidet an Magenkrämpfen, Nervenschwäche, Appetitlosigkeit, Schlafstörungen (die er mit Schlaftabletten zu bekämpfen sucht) und bricht regelmäßig in Weinkrämpfe aus. Er sträubt sich dagegen, Lucia in ein Sanatorium zu geben, schleift sie von einem Arzt zum nächsten, schließlich sogar nach Zürich zu C. G. Jung, obwohl er der Psychoanalyse misstraut und von Jungs gemischtem Urteil über den *Ulysses*, dessen Humor

Lucia, James und Nora Joyce 1932 in Feldkirch

ihm nicht aufgeht, nicht gerade angetan ist. Im Jahr zuvor hat Jung ihm nach Lektüre der *Penelope*-Episode geschrieben: «Höchstens des Teufels Großmutter weiß so viel von der wirklichen Psychologie einer Frau. Ich jedenfalls nicht.»[267] Das verspricht für Jungs Versuch, die Psyche von Lucia zu erhellen, wenig Gutes, und tatsächlich muss er den Fall nach kleinen Anfangserfolgen schließlich aufgeben. *Lucia hat zu niemandem außer mir Vertrauen*, schreibt Joyce Miss Weaver deprimiert, wenn auch vielleicht nicht ohne heimlichen

Stolz; in dieser schwierigen Phase nimmt er seine ganze künstlerische Kraft zusammen, um das Hausaufgaben-Kapitel (II.2) von *Finnegans Wake* zu schreiben, *das Absurdeste, Komischste im ganzen Buch*[268].

Im Januar 1934 spricht ein amerikanisches Gericht den *Ulysses* vom Vorwurf frei, pornographisch zu sein. Schon wenige Tage später ist das Buch auf dem Markt, Joyce erscheint auf dem Titelblatt von «Time», innerhalb von drei Monaten werden 35 000 Exemplare verkauft. In die Freude mischt sich neuer Verdruss mit Lucia, die ihre Mutter schlägt und nun doch in ein Sanatorium gebracht wird. In Paris leben Joyce und seine Frau inzwischen fast völlig isoliert; das kulturelle Klima hat sich verändert, es sind kaum noch ausländische Künstler in Paris, und Joyce fühlt sich von allen Helfern außer Léon im Stich gelassen.[269] Dass Giorgio nach Amerika geht, um dort seine lahmende Karriere als Sänger zu beför-

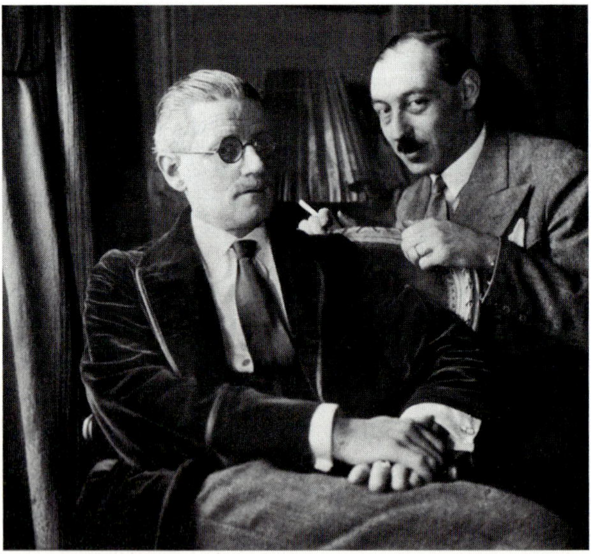

James Joyce mit seinem langjährigen Helfer Paul Léon, 1936

dern, macht die Sache nicht besser; Joyce dringt darauf, dass es keine Auswanderung auf Dauer wird.

Lucias Situation bessert sich nicht. Ihrer Krankenakte zufolge herrscht sie ihren Vater Ende 1934 an, er solle doch nicht so tun, als wisse er nicht, was mit ihr los sei, sie habe Syphilis – aber er müsse sich keine Vorwürfe machen, es sei nicht angeboren, ihn treffe also keine Schuld.[270] Im Februar des nächsten Jahres wird Lucia auf ihren Wunsch hin in London bei Miss Weaver untergebracht und von ihrer Tante Eileen Schaurek betreut, die Joyce als Pflegerin bezahlt; außerdem trifft sie sich mit Beckett, der inzwischen mit Joyce ausgesöhnt ist und nun in London wohnt. Als Lucia wegläuft, wird sie für einige Zeit nach Dublin gebracht (wo die verwitwete Eileen jetzt lebt), entzieht sich aber jeder Kontrolle, unternimmt Suizidversuche und kehrt zu einer von Joyce angeregten Drüsenbehandlung nach England zurück. Auch dieser Versuch scheitert, und Joyce holt sie nach Paris zurück und entscheidet sich schließlich doch, sie stationär in einer Anstalt unterzubringen. An Miss Weaver schreibt er, es gebe *jetzt Momente und Stunden, in denen ich nichts als Wut und Verzweiflung im Herzen habe, die Wut und Verzweiflung eines Blinden*[271].

Die nächsten beiden Jahre verbringen Joyce und Nora in weitgehender Isolation. Joyce arbeitet zwar zeitweilig *16 Stunden am Tag*, um sein Buch *fertigzumachen*[272], doch es geht alles mühselig und schleppend voran. Unterstützt wird er nur noch von Léon, dem wieder nach Paris zurückgekehrten Beckett und dem Ehepaar Jolas; selbst mit diesen letzten Freunden überwirft Joyce sich bisweilen beim geringsten Anlass. Sein Sohn bleibt

Mit unseren besten Adieuwärtsgrößen an Peppe und Memmy und alle Altgehörigen zuhüber und darunter, wünschen ihnen allen sehrsehr fröhliche Inkarnationen in diesem Land der Livveydenn und vieleviele Wohlstandfestigkeiten durch ihrsda kommenden neuen Jankse.

Dieser «Nachtbrief» (FW 308) sollte ursprünglich auf einer eigenen Seite genau im Zentrum von «Finnegans Wake» stehen als Sänger erfolglos und beginnt zu trinken; Helen leidet an Depressionen und muss schließlich auch in ein Sanatorium eingeliefert werden: *Dies sind also die heiteren Umstände, unter denen ich meine nokturne Komödie beende.*[273]

Im Sommer 1938 sucht Joyce das alte Textfragment um König Roderick O'Connor heraus, das er in das Schlusskapitel von Buch II einfügen will, und entdeckt die von ihm ganz vergessenen frühen Textteile über St. Kevin, Tristan und Isolde und die *Mamalujo*-Chronisten. Eigentlich ist für diese Texte jetzt gar kein Platz mehr im Buch, doch Joyce zeigt sich flexibel wie zu seiner besten Zeit, zieht die Kapitel II.3 und II.4 zu einem zusammen, um *Mamalujo* als neues Kapitel II.4 anhängen zu können, und fügt auch die kleineren Stücke noch ein. Im Herbst entwirft er das kurze Buch IV, das den Bogen zur ersten Seite zurückschlägt, und am 18. November 1938 kann er melden: *Ich habe mein Buch beendet. […] Hurra! Ich habe dieses vermaledeite Buch beendet.*[274]

Am 2. Februar 1939, zu seinem Geburtstag, hält Joyce ein Vorausexemplar von *Finnegans Wake* in Händen; offiziell erscheint das Buch allerdings erst im Mai. Wenn Joyce sich Hoffnung auf ein gewaltiges Medienecho gemacht haben sollte, so wird er bitter enttäuscht. Die 1920er Jahre, in denen die Welt literarische Experimente zu würdigen wusste, sind endgültig vorbei; der Zweite Weltkrieg wirft unübersehbar seine Schatten voraus. Joyce will mit Politik schon lange nichts mehr zu schaffen haben, doch er ist nicht so ahnungslos, dass er die Zeichen der Zeit übersehen könnte. Schon 1938 hat er diskret dafür gesorgt, dass Hermann Broch und etliche andere von den Nazis bedrohte Juden Einreisegenehmigungen in sichere Länder erhalten. Der Ratschlag, den Joyce der Welt im August 1939 erteilt, mag die Realitäten verkennen; hätte die Welt diesen Rat befolgt, wäre ihr freilich viel erspart geblieben: *Man soll Polen in Ruhe lassen und sich lieber «Finnegans Wake» widmen!*[275]

Flussgefliesse: «Finnegans Wake»

Finnegans Wake gilt als das schwierigste Werk der Weltliteratur; das polyglotte Gemisch aus mindestens vierzig Sprachen, unter dem das Englische als Grundsprache bisweilen kaum noch erkennbar ist, tritt seinen Lesern als ein einziges riesiges Chaos entgegen. Tatsächlich sind diesem Chaos freilich Ordnungen und Strukturen unterlegt, die Joyce penibel und mit großem Aufwand erarbeitet hat. Joyce behauptet, dass *ich jede Zeile meines Buches rechtfertigen kann*[276], und das ist sogar noch untertrieben: Prinzipiell verbirgt sich hinter jedem einzelnen Buchstaben des Textes eine spezielle Absicht. Das ist auch schon im *Ulysses* so, wo jede Formulierung, wenn man ihr nachgeht und mit anderen Textstellen in Beziehung setzt, Zusammenhänge stiften kann, die über den primären Textsinn hinausgehen; der Unterschied ist nur, dass im *Ulysses* eine Lektüre, die ohne die Realisierung solcher zusätzlichen Sinnschichten auskommt und sich ganz auf das dargestellte Geschehen konzentriert, noch möglich ist. In *Finnegans Wake* geht das nicht, weil es kein Geschehen jenseits der sprachlichen Oberfläche mehr gibt; Form und Inhalt fallen völlig in eins, Joyce schreibt, wie Samuel Beckett schon früh erläutert hat, nicht über etwas, sondern «sein Schreiben ist dieses etwas selbst»[277].

Die Sprache von *Finnegans Wake* ist eine Sprache, die außerhalb des Buches nicht existiert. Schon während der Arbeit am *Ulysses* hat Joyce gegenüber Stefan Zweig erklärt: *Ich möchte eine Sprache haben, die über allen Sprachen steht, eine Sprache, der alle anderen Dienste leisten. Ich kann mich auf englisch nicht ausdrücken, ohne mich von der Tradition einsperren zu lassen.*[278] Joyce, der früh von

Finnegans vierzig Sprachen

Englisch, Irisch, Norwegisch, Latein, Griechisch, Chinesisch, Japanisch, Esperanto, Volapük, Novial, Flämisch, Französisch, Italienisch, Burmesisch, Baskisch, Walisisch, Rätoromanisch, Holländisch, Deutsch, Russisch, Bretonisch, Hebräisch, Sanskrit, Kisuaheli, Schwedisch, Spanisch, Persisch, Rumänisch, Litauisch, Malaiisch, Finnisch, Albanisch, Isländisch, Arabisch, Portugiesisch, Tschechisch, Türkisch, Polnisch, Ruthenisch, Ungarisch

Nach einer von Joyce erstellten Liste

Die Quelle der Liffey in den Wicklow-Bergen südlich von Dublin; der Lauf des Flusses, der zunächst einen weiten Bogen beschreibt, bevor er Dublin durchfließt und in die frische See mündet, wird im Körper von «Finnegans Wake» als das weibliche Prinzip Anna Livia umgesetzt.

dem Impuls ergriffen wurde, aus allen starren Konventionen auszubrechen, muss auch die englische Sprache als eine Fessel begreifen – nicht nur, weil es für den Iren die Sprache einer Kolonialmacht ist, die die Sprache der Eroberten verdrängt hat, sondern auch, weil jede vorgefertigte Sprache das eigentlich grenzenlose Ausdrucksvermögen kolonisiert und unterjocht. Joyce sucht alles, was ihn einengt, zu sprengen; er negiert sprachliche Grenzen und kreiert durch Vermischung, Hybridisierung und Bastardisierung bestehender Sprachen etwas ganz Neues.

Joyce erfindet eine neue Sprache, weil er Zusammenhänge und Bewusstseinszustände ausdrücken will, die zuvor noch nicht adäquat zur Sprache gebracht worden sind. *Ein großer Teil jeglicher menschlicher Existenz vollzieht sich in einem Zustand, der nicht durch hellwache Sprache, trockennüchterne Grammatik und vorantreibende Handlung wahrnehmbar gemacht werden kann*[279], also wird die Sprache schlafen gelegt, der Satzbau aufgebrochen, lineare Handlung durch ständig wiederholte, in sich kreisende Abläufe ersetzt. Wenn uns die äußere Realität dabei abhanden kommt, so erklärt sich das zunächst einmal daraus, dass alles Geschehen in diesem Buch eine Art kollektiver Traum ist: *Es gibt sozusagen keine individuellen Menschen in dem Buch – es ist alles Traum, der Stil ist so gleitend und unwirklich, wie in Träumen üblich.*[280] Die Orientierung am Traumgeschehen ist allerdings nur ein Aspekt der Joyce'schen Technik; ein anderer besteht darin, dass Joyce in *Finnegans Wake* ein Erzählverfahren entwickelt, mit dem er alle Weltgeschichte, alle Mythen, alle Lebensweisen der Menschheit erzählen kann, ohne all das in die starren Formen chronologischer Abläufe zwängen zu müssen. Die eigentlich undarstellbare Komplexität der Welt wird in Literatur überführt, indem sie einerseits auf ihre Grundelemente reduziert, die unendliche Variabilität dieser Elemente aber gleichzeitig mit dargestellt wird. Unter der scheinbaren sprachlichen Wirrnis des Buchs liegt deshalb ein Grundgerüst von fast archaischer Schlichtheit verborgen: *Die Zeit und der Fluß und der Berg sind die wirklichen Helden meines Buches. Doch die Elemente sind dieselben, die jeder Romancier benutzen kann: Mann und Frau, Geburt, Kindheit, Nacht, Schlaf, Ehe, Gebet, Tod. Es ist nichts Paradoxes daran. Ich versuche nur, viele Erzählebenen aus einer einzigen ästhetischen Absicht heraus aufzubauen.*[281]

Für seine ästhetische Absicht, die vielfältigen Phänomene der Welt und gleichzeitig die explodierenden Sinnschichten der neu erfundenen Sprache zu synchronisieren, braucht Joyce ein möglichst einfaches Weltmodell, und das findet er in der Geschichtsphilosophie von Vico. In seinem Hauptwerk «Die neue Wissenschaft über die gemeinschaftliche Natur der Völker» (1725) hat Vico alle menschliche Geschichte und Kultur als einen zyklischen Ablauf von Aufstieg, Entfaltung und Niedergang gedeutet: Auf das Zeitalter der Götter folgt erst ein Helden- und dann ein Menschenzeitalter, bis schließlich alles zusammenbricht und nach einem «Ricorso» der Zyklus neu beginnt. Den drei Phasen entsprechen außerdem die Kommunikationsstufen der hieroglyphisch-heiligen, der metaphorisch-poetischen und der abstrahierend-philosophischen Sprache. Joyce hat dieses Modell nützlich und anregend gefunden (*Natürlich […] nehme ich Vicos Spekulationen nicht wortwörtlich; ich benutze seine Zyklen als Gerüst*[282]) und *Finnegans Wake* in vier Büchern angelegt, deren letztes ohne Schlusspunkt mitten in einem Satz ausläuft (*Ein Weg ein samer ein letzter ein liebster entlang der*[283]) und in den ebenfalls unvollständigen Eingangssatz des Romans zurück mündet: *Flußgefließe, schleunigst Ev' und Adam passiert, vom Strandgestreun zum Buchtgebeug, führt uns im commundiösen Wickelwirken des Rezirkulierens zurück zur Burg von Howth con Entourage.*[284] Leitmotivisch finden sich Anspielungen auf Vicos Zyklenmodell überall in *Finnegans Wake*; verknüpft wird es mit allen bekannten Sagen, Mythen und Geschichten, die den Zyklus aus Aufstieg und Nieder-

Erste Strophe des Trinklieds «Finnegan's Wake»

gang (der biblische *Fall von Mr. Adams*[285], Napoleon, Parnell, Atlantis und andere versunkene Städte, Humpty Dumptys Sturz von der Mauer usw.), Tod und Wiederauferstehung (aus dem *schlafenden Riesen*[286] sprießen neue Generationen und Kulturen) illustrieren. Die Totenwache des Finnegan wird in diesem Sinne schon durch den fehlenden Apostroph des englischen Titels *Finnegans Wake* zu einem neuen Erwachen aller Finnegans (*Hoh, Zim Zeitzugähn, erwacht!*[287]); folgerichtig wird der Name des Titelhelden auf der letzten Seite des Buchs variiert: *Finn, fangan!*[288]

Der Zusammenfall von Tod und Neubeginn verweist auf das zweite wichtige Modell neben Vicos Geschichtsphilosophie, das dem Buch zugrunde liegt, die (ursprünglich von Nikolaus von Kues entwickelte) Vorstellung vom Zusammenfallen der Gegensätze, die Joyce aus den Schriften seines Jugendidols Giordano Bruno vertraut ist: *Seine Philosophie ist eine Art Dualismus – jede Kraft in der Natur muß ihr Gegenteil entwickeln, um sich selbst zu verwirklichen, und Gegensätzlichkeit führt zu Wiedervereinigung etc. etc.*[289] Dieses Prinzip der «coincidentia oppositorum» – *Gleichheiten von Gegensätzen, hervorgegangen aus einer einsgleichsamen Macht der Natur oder des Geistes, iste, als das alleinige Bedingende und Mittel seiner hihmundhihren Manifestation und polarisiert für die Wiedervereinigung durch die Symphysis ihrer Antipathien*[290] – findet sich auf jeder Seite und jeder Sinnebene von *Finnegans Wake*; im Figurengefüge gestaltet Joyce es etwa in der Spiegelbildlichkeit der ungleichen Zwillinge Shem und Shaun, die unablässig Teile ihrer Persönlichkeit austauschen und sich in der Vaterfigur HCE vereint finden.

Noch wichtiger freilich ist die Bedeutung der «coincidentia oppositorum» für die Sprachgestaltung von *Finnegans Wake*. Indem Joyce Dutzende von Sprachen ineinander blendet, zerfließen alle sprachlichen Identitäten *an den Wassern zu Babbelang*[291], bis eine gleichsam babylonische Sprachverwirrung herrscht, in der völlig gegensätzliche Aussagen gleichzeitig formuliert werden können. Der Aumvaise als *Welterallskerl […], beinah sah hochplateaunisch wi 'nz Schelling in Kopferminzen*[292], ist nach dieser flimmernden Beschreibung riesig und winzig zugleich; *vier liebe alte Damenchen*[293] sind gleichzeitig Damen und Männchen. Etwa so, wie Shakespeare völlig gegensätzliche Gestalten auf die Bühne bringt, um die ganze Bandbreite menschlichen Verhaltens darstellen zu können, lässt Joyce in der Mikro- wie der Makrostruktur von *Finnegans Wake* unzählige Gegensätze in eins fallen und zieht damit die ganze Welt in sein Buch herein: *Packend Allraum in eine Nichtschalle*[294]. Die Vaterfigur HCE wird auf diese Weise zu einer Jedermann-Figur im umfassendsten Sinne, nicht exemplarisch wie Leopold Bloom, sondern als archetypische Summe, als *Hier Commet Edermann*[295] und *Habet Chindern Eberall*[296].

Alle Weltgeschichte fällt in der nur rudimentär erkennbaren Geschichte einer Dubliner Gastwirtsfamilie zusammen; die einzelnen Individuen freilich fallen auseinander und fächern sich auf zu Kollektiven wie den vier Chronisten, den zwölf Kneipengästen, den neunundzwanzig Schaltjahrmädchen. Kontraktion und Expansion, die einander in Joyce' *Porträt* noch abwechselten, sind nun eins. *Anna und Humphrey sind gleichzeitig die Stadt und deren Gründer, der Fluss und der Berg, außerdem die beiden Geschlechtsorgane; es gibt nicht einmal eine chronologische Abfolge des Geschehens. Es ist ein simultanes Geschehen, was sich in der kreisförmigen Struktur des Romans abbildet […]. Überall, wo das Buch anfängt, hört es auch auf.*[297] Die Verfehlung von HCE im Park ist identisch mit allen Sünden und Gewalttaten der Menschheitsgeschichte; Anna Livia ist identisch mit der durch Dublin fließenden Liffey und diese wiederum mit den Hunderten von Flüssen, deren Namen Joyce in das Kapitel *Anna Livia Plurabelle* einarbeitet; Shem und Shaun sind identisch mit allen widerstreitenden Mächten oder Ideen. Diese Polyphonie des Geschehens, die über die Polyphonie der Sprache hergestellt wird, gehorcht dem Gesetz der Gleichrangigkeit: Es lässt sich nicht (wie noch im *Circe*-Kapitel des *Ulysses*) unterscheiden zwischen dem «eigentlichen» Geschehen und dem, was hinzuphantasiert wird; ebenso wenig lässt sich bei der orthographisch verzerrten Sprachoberfläche von Fehlern oder Versprechern reden. Wenn bei der Bekehrung Tom Kernans in *Gnade* allerlei kirchengeschichtliche Details verwechselt werden, wenn Molly Bloom im *Ulysses* von *präservierten Plätzen*[298] träumt

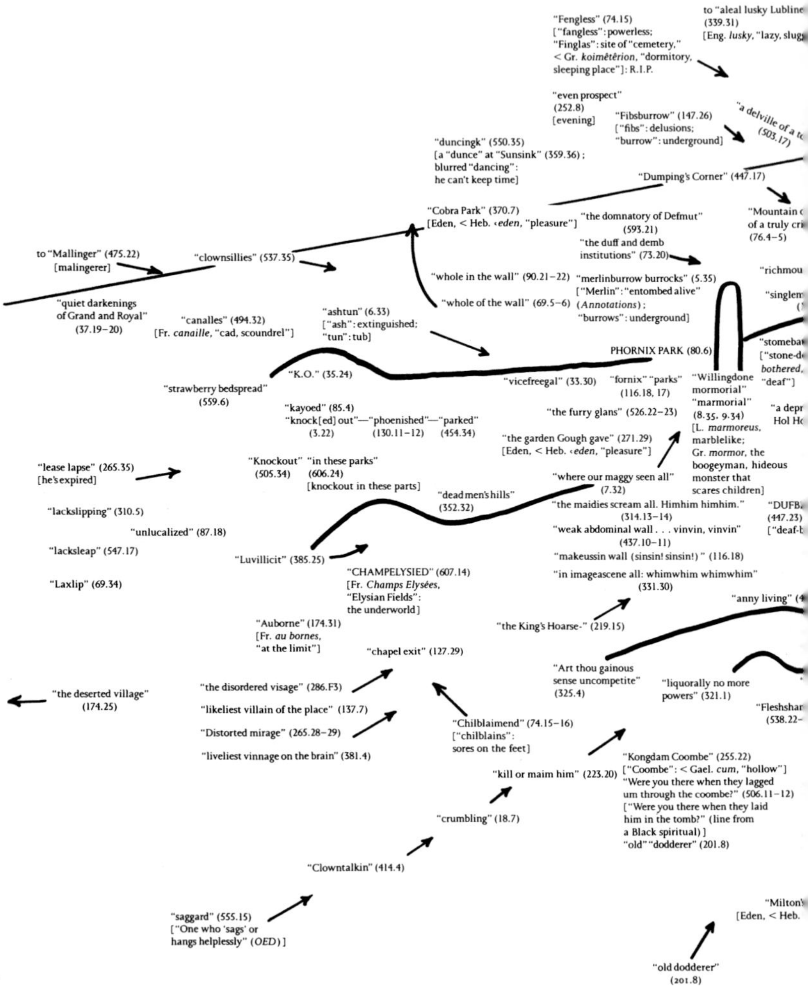

"Fengless" (74.15)
["fangless": powerless;
"Finglas": site of "cemetery,"
< Gr. koimêtêrion, "dormitory,
sleeping place"]: R.I.P.
to "aleal lusky Lubline
(339.31)
[Eng. lusky, "lazy, slug
"even prospect"
(252.8)
[evening]
"Fibsburrow" (147.26)
["fibs": delusions;
"burrow": underground]
"a delville of a t
(503.17)
"duncingk" (550.35)
[a "dunce" at "Sunsink" (359.36);
blurred "dancing":
he can't keep time]
"Dumping's Corner" (447.17)
"Cobra Park" (370.7)
[Eden, < Heb. ‹eden, "pleasure"]
"the domnatory of Defmut"
(593.21)
"the duff and demb
institutions" (73.20)
"Mountain
of a truly cr
(76.4–5)
to "Mallinger" (475.22)
[malingerer]
"clownsillies" (537.35)
"whole in the wall" (90.21–22)
"whole of the wall" (69.5–6)
"merlinburrow burrocks" (5.35)
["Merlin": "entombed alive"
(Annotations);
"burrows": underground]
"richmou
"singlem
"quiet darkenings
of Grand and Royal"
(37.19–20)
"canalles" (494.32)
[Fr. canaille, "cad, scoundrel"]
"ashtun" (6.33)
["ash": extinguished;
"tun": tub]
PHORNIX PARK (80.6)
"stomeba
["stone-d
bothered,
"deaf"]
"K.O." (35.24)
"strawberry bedspread"
(559.6)
"vicefreegal" (33.30)
"fornix" "parks"
(116.18, 17)
"Willingdone
mormorial"
"marmorial"
(8.35, 9.34)
[L. marmoreus,
marblelike;
Gr. mormor, the
boogeyman, hideous
monster that
scares children]
"a depr
Hol H
"kayoed" (85.4)
"knock[ed] out"—"phoenished"—"parked"
(3.22) (130.11–12) (454.34)
"the furry glans" (526.22–23)
"the garden Gough gave" (271.29)
[Eden, < Heb. ‹eden, "pleasure"]
"lease lapse" (265.35)
[he's expired]
"Knockout" (505.34)
"in these parks"
(606.24)
[knockout in these parts]
"where our maggy seen all"
(7.32)
"dead men's hills"
(352.32)
"the maidies scream all. Himhim himhim."
(314.13–14)
"DUFB
(447.23)
["deaf-
"lackslipping" (310.5)
"unlucalized" (87.18)
"weak abdominal wall . . . vinvin, vinvin"
(437.10–11)
"lacksleap" (547.17)
"Luvillicit" (385.25)
"makeussin wall (sinsin! sinsin!)" (116.18)
"Laxlip" (69.34)
"CHAMPELYSIED" (607.14)
[Fr. Champs Elysées,
"Elysian Fields":
the underworld]
"in imageascene all: whimwhim whimwhim"
(331.30)
"anny living" (
"Auborne" (174.31)
[Fr. au bornes,
"at the limit"]
"the King's Hoarse-" (219.15)
"chapel exit" (127.29)
"Art thou gainous
sense uncompetite"
(325.4)
"liquorally no more
powers" (321.1)
"the deserted village"
(174.25)
"the disordered visage" (286.F3)
"likeliest villain of the place" (137.7)
"Distorted mirage" (265.28–29)
"liveliest vinnage on the brain" (381.4)
"Chilblaimend" (74.15–16)
["chilblains":
sores on the feet]
"Fleshshar
(538.22–
"kill or maim him" (223.20)
"Kongdam Coombe" (255.22)
["Coombe": < Gael. cum, "hollow"]
"Were you there when they lagged
um through the coombe?" (506.11–12)
["Were you there when they laid
him in the tomb?" (line from
a Black spiritual)]
"old" "dodderer" (201.8)
"crumbling" (18.7)
"Clowntalkin" (414.4)
"Milton
[Eden, < Heb.
"saggard" (555.15)
["One who 'sags' or
hangs helplessly" (OED)]
"old dodderer"
(201.8)

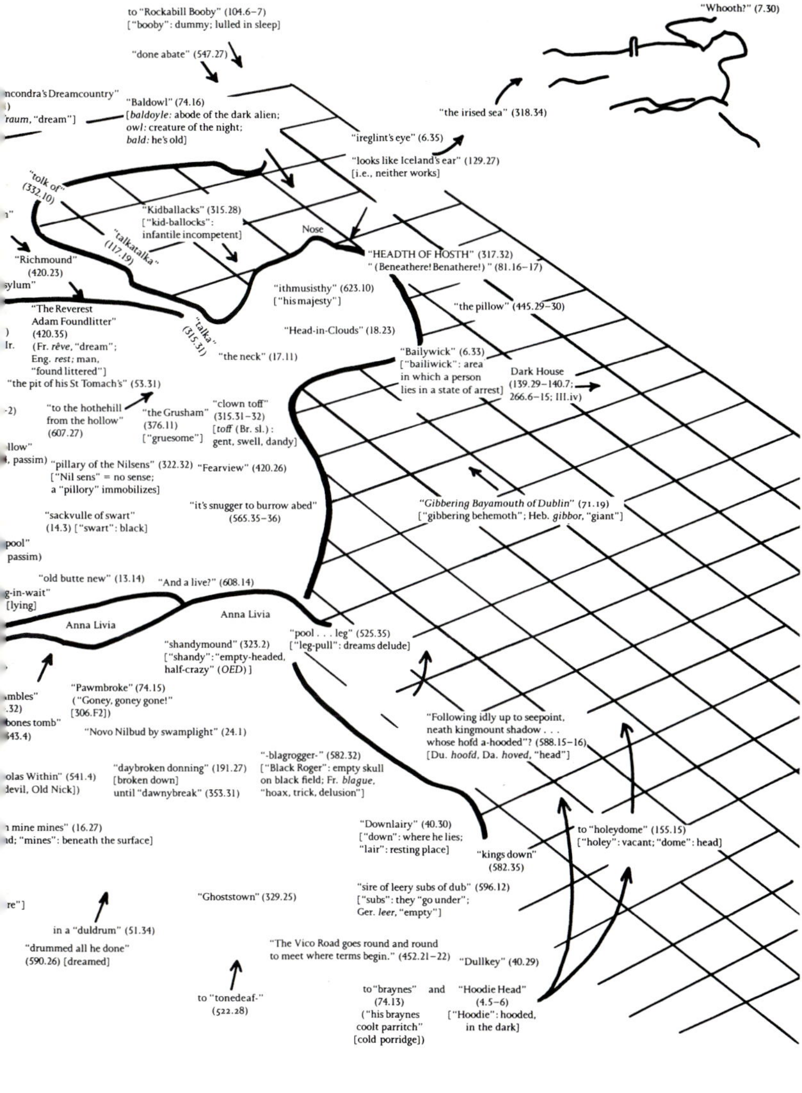

Der Körper von «Finnegans Wake» als Stadtplan Dublins
(Skizze: John Bishop)

und ihr Mann mit einem Freud'schen Versprecher vom *Bereiter der Frau*[299] spricht, dann wissen wir, was «eigentlich» gemeint ist. In *Finnegans Wake* wissen wir es nie; alles ist stets mehrerlei zugleich und nichts definitiv.

Earwicker, der womöglich bürgerlich Porter heißt, ist wie zuvor schon Leopold Bloom kein Ire im Sinne ethnischer Reinheit; er ist (wie alles in *Finnegans Wake*) ein hybrides, ein zeit- und ortsversetztes Wesen, nämlich ein *Schandinav*[300], dazu noch Protestant in einer katholischen Kultur. In der nächsten Generation wird sein Migrantentum in zwei Aspekte zerlegt: Der Briefträger Shaun ist ein Wanderer durch den Raum (Joyce hatte zunächst vor, ihn *rückwärts in der Nacht durch die bereits erzählten Ereignisse* reisen zu lassen als *ein Faß, das den Fluß Liffey hinuntertreibt*[301], später sollte sein Schlusskapitel *über Wege sein*[302]); sein schriftstellernder Bruder Shem ist ein Verwandler in der Zeit. Weit gewandert sind die sprachlichen und inhaltlichen Versatzstücke, die Joyce seiner Geschichte der Welt einfügt, und sie alle verwandeln sich und das Buch, in das sie integriert werden, unentwegt von neuem. In *Finnegans Wake* konkurrieren in jedem Wort unterschiedliche Bedeutungen miteinander und lassen die Sprache nicht zur Ruhe kommen; ebenso konkurrieren aber auch die Strukturgerüste (die Stunden einer Nacht, ein Vico-Zyklus, der Generationswechsel einer Familie), durchdringen einander und bleiben dadurch in Bewegung. *Finnegans Wake* ist so angelegt, dass Joyce prinzipiell alles in dies Buch integrieren kann; als er 1938 in das fast fertige Buch den wieder entdeckten *Mamalujo*-Abschnitt als Shem-Kapitel II.4 einbaut, sprengt diese Maßnahme nicht etwa die Struktur, sondern die vier Chronisten mit ihren vier Geschichtsversionen bilden ein organisches Pendant zu den vier Bettpfosten, die im Shaun-Kapitel III.4 den elterlichen Beischlaf aus vier eher starren Perspektiven schildern.

In einen so aufnahmefähigen und wandelbaren Text können auch wir als Leser unsere eigenen Ideen, Gedanken und Projektionen einbringen. Joyce hat gemeint, *Finnegans Wake* könne *mehr Leser befriedigen als jedes andere Buch, weil es ihnen die Gelegenheit gibt, beim Lesen ihre eigenen Vorstellungen zu gebrauchen. Manche Leser werden an der Erforschung von Wörtern interessiert sein, am Spiel der Technik, am philologischen Experiment jeder einzelnen poetischen Einheit. Jedem Wort eignet der Zauber eines lebendigen Wesens, und jedes lebendige Wesen ist plastisch.*[303]

Dass *Finnegans Wake* in jeder Zeile und jedem Wort etwas Lebendiges sein soll und nirgendwo erstarrt, ist oberstes Gebot bei der langjährigen Arbeit. Joyce zitiert mehrmals im Text Edgar Quinets Hinweis darauf, *daß die wilden Blumen auf den Ruinen von Karthago, Numantia etc. Aufstieg und Niedergang von Imperien überlebten*[304]. Die wild wuchernden, wandelbaren, subversiven Buchstabenfolgen von *Finnegans Wake* sind so angelegt, dass sie jeden Versuch, sie in eine Ordnung zu zwingen und auf die ruinöse Welt außerhalb der Literatur zurückzubiegen, durch Ausflucht und Verweigerung vereiteln. Insofern ist *Finnegans Wake* auch ein großes Stück Überlebensprosa, dies umso mehr für Joyce selbst, der das Buch im Schatten eines heraufziehenden neuen Imperiums schreibt.

Roher Lärm II

Am 1. September 1939 überfällt die deutsche Wehrmacht Polen; zwei Tage später ist auch Frankreich im Krieg. Joyce hat sich mit Paul Léon überworfen, weil der im sich anbahnenden Scheidungsstreit zwischen Giorgio und Helen vorsichtig die Partei Helens ergreift, die der Situation überhaupt nicht mehr gewachsen ist, schließlich nach Amerika ausgeflogen wird und dort in ein Sanatorium kommt; erst nach dem Krieg wird sie als geheilt entlassen. Der kleine Stephen ist derweil in der Internatsschule von Maria Jolas untergebracht, die bei Kriegsausbruch Paris verlässt und mit ihren Schützlingen in das Dorf Saint-Gérand-le-Puy in Zentralfrankreich zieht. Auf ihre Einladung reisen auch Joyce und Nora dorthin, kommen notdürftig unter und feiern mit Maria Jolas Weihnachten. Joyce klagt über Magenschmerzen, die er seiner allgemeinen Nervosität zuschreibt. *Mein Sohn, völlig desorientiert, ist bei Freunden in Paris*[305], schreibt er einem Bekannten.

Nachdem Paris am 14. Juni 1940 von deutschen Truppen besetzt wurde, kommen auch Giorgio, Beckett sowie Léon, mit dem Joyce sich aussöhnt, nach Saint-Gérand-le-Puy; Léon und Beckett kehren allerdings bald nach Paris zurück: Beckett schließt sich der Résistance an, Léon kümmert sich um die Papiere, die Joyce in seiner Wohnung zurückgelassen hat, und übergibt sie der irischen Botschaft; am Ende wird er von den Deutschen festgenommen, in ein Konzentrationslager deportiert und vermutlich im April 1942 in Schlesien ermordet.

Maria Jolas löst schließlich ihr Internat auf und fliegt zu ihrem Mann nach Amerika; Joyce verzichtet auf das Angebot mitzukommen, da seine Tochter in einem Sanatorium in der Bretagne ist. *Wir planen alle zusammen nach Zürich zu gehen*[306], schreibt er seinem alten Freund Ruggiero, doch das ist sehr viel schwieriger als im Ersten Weltkrieg. In der Schweiz ist seit 1925 die «Abwehr von Ausländern als Verfassungsprinzip formuliert»[307]; Joyce muss einen formellen Einreiseantrag stellen, außerdem braucht er die Ausreisegenehmigung der deutschen und der französischen Behörden, und es muss der Transport Lucias aus der Bretagne an die Schweizer Grenze geregelt werden. Den ersten Einreiseantrag weisen die Behörden mit der absurden Begründung ab, Joyce sei Jude (Juden werden zu dieser Zeit von der Schweiz grundsätzlich abgewiesen); als Joyce seinen Antrag wiederholt, erkundigt sich die Fremdenpolizei beim Schweizerischen Schriftstellerverband: «Besteht nicht die Gefahr, dass James Joyce die einheimischen Schriftsteller tangieren bezw. konkurrenzieren würde?»[308] Als der Verband diese Gefahr verneint, ver-

Direktion der Polizei des Kantons Zürich

Fremdenpolizei

Telefon 27380 / Postcheck-Konto VIII 864

Nr. 219.963/964/965 ko.

(Bitte in der Antwort Nr. angeben)

Zürich, den 7. Nov. 1940.

Kaspar Escherhaus

Herrn

Dr. Armin Egli,

Sekretär des Schweizerischen Schriftsteller-Vereins,

Z ü r i c h 8.

Klausstrasse 19.

Der irische Staatsangehörige J o y c e James, geb. 2.2.1882, Schriftsteller, mit Familie, zurzeit in Südfrankreich, stellt ein Gesuch um Bewilligung der Einreise in die Schweiz, zwecks Wohnsitznahme in Zürich und Betätigung als Schriftsteller. Das Begehren des Vorgenannten wird von prominenten zürcherischen Persönlichkeiten unterstützt.

Wir gestatten uns nun, Sie anzufragen, ob James Joyce Ihnen als international anerkannter Schriftsteller bekannt ist.. Bejahendenfalls belieben Sie uns zu berichten, ob die Tätigkeit ~~des~~ Rubrikaten zu einer Bereicherung der schweizerischen Literatur ~~Wissenschaft~~ beitragen würde. Besteht nicht die Gefahr, dass James Joyce die einheimischen Schriftsteller tangieren bezw. konkurrenzieren würde?

Für Ihre Auskunft danken wir Ihnen im Voraus bestens.

Mit vorzüglicher Hochachtung:

Fremdenpolizei
des Kantons Zürich

Der Flüchtling James Joyce ist unerwünscht.

langt man zunächst 50000 Franken Kaution für die Einreise, eine Summe, die schließlich auf 20000 Franken reduziert wird. Joyce selbst ist allerdings von seinen Geldquellen abgeschnitten; so sammeln Freunde in der Schweiz das Geld, und

Ezra Pound am Grab von James Joyce, 1967

am 28. November wird dem Einreiseantrag endlich stattgegeben.

Inzwischen sind die Passierscheine der deutschen und französischen Behörden abgelaufen und müssen erst verlängert werden. Als unmöglich erweist sich das Vorhaben, Lucia heranzuschaffen; schließlich brechen Joyce, Nora, Giorgio und Stephen am 14. Dezember auf und treffen nach Zwischenstopps in Genf und Lausanne am 17. Dezember in Zürich ein. Joyce aber geht es nicht gut, er isst kaum. Am 9. Januar hat er nach dem Abendessen in der Kronenhalle so heftige Magenkrämpfe, dass er am nächsten Morgen ins Schwesternhaus vom Roten Kreuz eingeliefert wird. Dort stellt man ein durchgebrochenes Zwölffingerdarmgeschwür fest, das sofort operiert werden muss. Joyce übersteht den Eingriff zunächst gut, doch plötzlich verschlechtert sich sein

Zustand, auch eine Bluttransfusion hat keinen Erfolg, Joyce fällt ins Koma und stirbt, knapp sechzigjährig, am frühen Morgen des 13. Januar 1941.

Joyce wird auf dem Friedhof Fluntern beigesetzt; nach über siebzig Umzügen in 59 Jahren findet sein Körper dort die letzte Ruhe, die er im Leben nie gehabt hat. Sein Werk freilich behält auch nach dem Tod des Autors die Unruhe bei, bleibt beweglich und wandelt sich weiterhin. Jede neue Lesergeneration wird in ihm etwas ganz und gar Neues entdecken. Diese Offenheit für sich wandelnde Lesarten macht die Faszination und den literarischen Rang seines Werks aus.

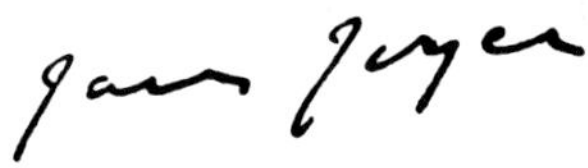

Anmerkungen

Die wichtigsten Quellen werden mit Siglen zitiert, die in der Bibliographie aufgelöst werden.

1 Ellmann, S. 65
2 John Wyse Jackson and Peter Costello: John Stanislaus Joyce. The Voluminous Life and Genius of James Joyce's Father. London 1997, S. 87
3 St.Joyce-MBH, S. 34
4 Ellmann, S. 58
5 Sullivan, S. 233
6 Bradley, S. 43
7 Bradley, S. 37
8 Ellmann, S. 56
9 Sullivan, S. 48
10 Bradley, S. 106
11 Sullivan, S. 74
12 St.Joyce-MBH, S. 155, S. 224
12a Curran, S. 108
13 Briefe I, S. 73
14 KS, S. 55
15 KS, S. 101, S. 103
16 Briefe I, S. 68f.
17 Ellmann, S. 132
18 GG, S. 127, S. 121, S. 123, S. 109
19 KS, S. 131
20 KS, S. 137
21 KS, S. 146
22 Curran, S. 21
23 Thomas Kettle: Review [Chamber Music]. In: Freeman's Journal, 1. Juni 1907
24 Curran, S. 43
25 St.Joyce-MBH, S. 240
26 Russell, zitiert nach Ellmann, S. 164f.
27 Briefe I, S. 79
28 Briefe I, S. 83
29 Briefe I, S. 135
30 KS, S. 49f.
31 Briefe I, S. 101
32 Briefe I, S. 106
33 Briefe I, S. 119
34 St.Joyce-MBH, S. 313, S. 305
35 St.Joyce-MBH, S. 321
36 J. B. Lyons: James Joyce and Medicine. Dublin 1973, S. 215
37 Ellmann, S. 227
38 Briefe I, S. 120
39 Ellmann, S. 234
40 Briefe I, S. 124
41 Briefe I, S. 125
42 St.Joyce-DTB, S. 132
43 Vgl. Joseph Kelly: Stanislaus Joyce, Ellsworth Mason, and Richard Ellmann: The Making of James Joyce. In: Joyce Studies Annual (1992), S. 98–140, S. 120f.
44 SL, S. 182
45 Briefe I, S. 133
46 Briefe I, S. 141
47 Ellmann, S. 276
48 GG, S. 141
49 Colum, S. 72
50 KS, S. 62
51 Briefe I, S. 125
52 Briefe I, S. 266f.
53 St.Joyce-MBH, S. 72
54 Gogarty in Mikhail, S. 25
55 KS, S. 107
56 Dubliner, S. 48
57 Dubliner, S. 30
58 Dubliner, S. 88
59 Dubliner, S. 113
60 Dubliner, S. 72
61 Dubliner, S. 18
62 Dubliner, S. 69
63 Dubliner, S. 40
64 Dubliner, S. 24
65 KS, S. 119
66 Stephen Dedalus: Die Schwestern. In: Klaus Reichert, Fritz Senn und Dieter E. Zimmer (Hg.): Materialien zu James Joyces «Dubliner». Frankfurt a. M. 1969, S. 9–14, S. 9
67 Dubliner, S. 7
68 Dubliner, S. 154
69 5. 5. 1906; Briefe I, S. 266
70 Briefe I, S. 248
71 Briefe I, S. 162
72 Briefe I, S. 175
73 Briefe I, S. 173
74 Briefe I, S. 178
75 KS, S. 64
76 McCourt, S. 51
77 Vgl. McCourt, S. 41–49

78 Dubliner, S. 11 f.
79 Briefe I, S. 226
80 Briefe I, S. 257
81 Briefe I, S. 263
82 Briefe I, S. 315
83 Briefe I, S. 366
84 Briefe I, S. 312
85 Briefe I, S. 396
86 Briefe I, S. 342
87 Briefe I, S. 318 f.
88 Briefe I, S. 348
89 Briefe I, S. 317
90 Briefe I, S. 394
91 Briefe I, S. 298
92 KS, S. 180, S. 165, S. 186
93 Vgl. Ferris, S. 22–29
94 Tagebuch von Stanislaus Joyce, 4. 8. 1907, zitiert nach McCourt, S. 122
95 Ellmann, S. 413
96 Tagebuch von Stanislaus Joyce, 5. 2. 1908, zitiert nach McCourt, S. 128
97 Laura Pelaschiar: Stanislaus Joyce's «Book of Days»: The Triestine Diary. In: James Joyce Quarterly 36 (1998/99), S. 61–71, S. 66 ff.
98 Briefe I, S. 432
99 Briefe I, S. 415
100 Briefe I, S. 419
101 Briefe I, S. 486
102 Louis Berrone (Hg.): James Joyce in Padua. New York 1977, S. 20
103 Briefe I, S. 509
104 Vgl. Friedhelm Rathjen: What Happened to Joyce in Galway and Connemara? An Attempt to Baedekerize James Joyce. In: Papers on Joyce 6 (2000), S. 59–65; Friedhelm Rathjen: James Joyce as a Cyclist. In: Joyce Studies Annual (2003), S. 175–182
105 Briefe I, S. 529
106 Briefe I, S. 548
107 McCourt, S. 203
108 KS, S. 297
109 KS, S. 339
110 Francini Bruni in Potts, S. 34
111 Briefe I, S. 553 f.
112 Briefe I, S. 555
113 McCourt, S. 249
114 St.Joyce-DTB, S. 44
115 Stephen der Held, S. 18
116 Stephen der Held, S. 198
117 Stephen der Held, S. 224
118 St.Joyce-MBH, S. 198
119 Stephen der Held, S. 41
120 Briefe I, S. 187
121 Porträt, S. 490
122 Porträt, S. 255
123 Stephen der Held, S. 34
124 Porträt, S. 255
125 Porträt, S. 264
126 Porträt, S. 265
127 Porträt, S. 312
128 Porträt, S. 359
129 Porträt, S. 411
130 Porträt, S. 441
131 Porträt, S. 533
132 Stephen der Held, S. 84
133 Dubliner, S. 138
134 Porträt, S. 526
135 Porträt, S. 320
136 Porträt, S. 329
137 Porträt, S. 428
138 Porträt, S. 448
139 Porträt, S. 256
140 Porträt, S. 502
141 Porträt, S. 477
142 Porträt, S. 384
143 Salman Rushdie: Scham und Schande. Übers. von Karin Graf. München 1985, S. 103
144 Briefe I, S. 187
145 Vgl. Friedhelm Rathjen: Literatur der Migration: Joyce und Rushdie. In: Merkur 565 (1996), S. 367–371
146 Porträt, S. 461
147 Francini Bruni in Potts, S. 28
148 Briefe I, S. 574
149 Fae & Lu, S. 14
150 Ellmann, S. 585
151 Briefe I, S. 590 f.
152 Briefe I, S. 608
153 Briefe I, S. 617
154 Briefe II, S. 640
155 Briefe II, S. 808
156 Ellmann, S. 633
157 Budgen, S. 20, S. 22
158 Ellmann, S. 659
159 Ellmann, S. 650

160 Groden, S. 17
161 Briefe II, S. 701
162 Briefe II, S. 707
163 Frank Budgen: Myselves When Young. London 1970, S. 194
164 Briefe II, S. 857
165 Briefe II, S. 731
166 Budgen, S. 121 f.
167 Briefe II, S. 728
168 Briefe II, S. 746 f.
169 Briefe II, S. 759
170 Briefe II, S. 773
171 Ellmann, S. 402
172 Briefe I, S. 574
173 Daniel Ferrer: What Song the Sirens Sang ... Is No Longer Beyond All Conjecture: A Preliminary Description of the New «Proteus» and «Sirens» Manuscripts. In: James Joyce Quarterly 39 (2001/02), S. 53–68, S. 61
174 Fritz Senn: Odysseeische Metamorphosen. In: Ders.: Nicht nur Nichts gegen Joyce. Aufsätze über Joyce und die Welt 1969–1999. Hg. von Friedhelm Rathjen. Zürich 1999, S. 95–132, S. 96
175 Ulysses, S. 9
176 Ulysses, S. 27
177 Ulysses, S. 12
178 Power, S. 66
179 Ulysses, S. 49
180 Budgen, S. 57
181 Ulysses, S. 67
182 Ulysses, S. 150
183 Ulysses, S. 465
184 Ulysses, S. 16
185 Ulysses, S. 85
186 Ulysses, S. 18
187 Ulysses, S. 156
188 Ulysses, S. 100
189 Ulysses, S. 113
190 Ulysses, S. 146
191 Ulysses, S. 175
192 Ulysses, S. 235
193 Ulysses, S. 266
194 Ulysses, S. 304
195 Ulysses, S. 279
196 Vgl. Groden, S. 37 ff.
197 Power, S. 121
198 Budgen, S. 79
199 Briefe II, S. 731
200 Ulysses, S. 399
201 Ulysses, S. 363
202 Ulysses, S. 356
203 Ulysses, S. 412
204 Ulysses, S. 437
205 Ulysses, S. 480
206 Ulysses, S. 507
207 Ulysses, S. 495
208 Ulysses, S. 522
209 Ulysses, S. 526
210 Ulysses, S. 532
211 Briefe II, S. 762 f.
212 Ulysses, S. 555
213 Ulysses, S. 541
214 Ulysses, S. 595
215 Briefe II, S. 808
216 Budgen, S. 261 f.
217 Ulysses, S. 608
218 Ulysses, S. 623 f.
219 Ulysses, S. 773
220 Briefe II, S. 839 f.
221 Briefe II, S. 850
222 Briefe II, S. 859
223 Briefe II, S. 865
224 Tagebuch von Stanislaus Joyce, 6. 4. 1907, zitiert nach McCourt, S. 199
225 Ulysses, S. 660
226 Ulysses, S. 1015
227 Ulysses, S. 812
228 Ulysses, S. 534 f.
229 Fitch, S. 383
230 Fitch, S. 90
231 Edward L. Bishop: The «Garbled History» of the First-edition «Ulysses». In: Joyce Studies Annual (1998), S. 3–35, S. 8
232 Briefe II, S. 856
233 Briefe II, S. 897
234 Briefe II, S. 902
235 Briefe II, S. 944
236 Lidderdale, S. 214
237 Briefe II, S. 950
238 Briefe II, S. 953
239 Vgl. Danis Rose: The Textual Diaries of James Joyce. Dublin 1995, S. 20 ff.
240 Budgen, S. 370
241 Briefe II, S. 997
242 Briefe II, S. 1084

243 Ellmann, S. 1019
244 Briefe II, S. 1059
245 Weaver an Joyce, 1. 10. 1926; Briefe II, S. 1079
246 Briefe II, S. 1099
247 Wyndham Lewis: Time and Western Man. Edited with Afterword and Notes by Paul Edwards. Santa Rosa 1993, S. 103
248 Briefe III, S. 1305
249 Vgl. Friedhelm Rathjen: S=Mattematik, dreispaltig. Zum obszönen Dreieck Joyce, Lewis, Schmidt. In: Zettelkasten 18 (1999), S. 347–372
250 Susan Schreibman: The Penman and his Bleaters. In: Friedhelm Rathjen (Hg.): In Principle, Beckett is Joyce. Edinburgh 1994, S. 1–19, S. 5
251 Briefe II, S. 1127
252 Briefe II, S. 1112
253 Ellmann, S. 833
254 Briefe II, S. 1178
255 Briefe II, S. 1199
256 Lucia an Weaver, 19. 4. 1930, zitiert nach Jürgen Schneider: James Joyce in Wiesbaden. In: irland journal 10.4 (1999), S. 37–47, S. 42
257 Ellmann, S. 920
258 Fitch, S. 338, S. 343
259 Ellmann, S. 960
260 Briefe III, S. 1276
261 Briefe III, S. 1280
262 Ellmann, S. 956
263 Reflections on James Joyce. Stuart Gilbert's Paris Journal. Hg. von Thomas F. Staley und Randolph Lewis. Austin 1993, S. 50ff.
264 Joyce an Weaver, 21. 7. 1932, zitiert nach Mary T. Reynolds: Joyce and Miss Weaver. In: James Joyce Quarterly 19 (1981/82), S. 373–403, S. 393
265 Lidderdale, S. 353
266 Briefe III, S. 1352
267 Briefe III, S. 1311
268 Briefe III, S. 1436f.
269 Léon an Weaver, 11. 3. 1934, referiert nach Catherine Fahy (Hg.): The James Joyce – Paul Léon Papers in the National Library of Ireland. A Catalogue. Dublin 1992, S. 84f.
270 Ferris, S. 111
271 Briefe III, S. 1484
272 Briefe III, S. 1571
273 Briefe III, S. 1605
274 Briefe III, S. 1612
275 Jacques Mercanton: Die Stunden des James Joyce. Übers. von Markus Hediger. Basel 1993, S. 111
276 Ellmann, S. 1032
277 Samuel Beckett: Dante … Bruno. Vico .. Joyce. In: Stücke/Kleine Prosa. Auswahl in einem Band. Übers. von Erika und Elmar Tophoven. Frankfurt a. M. 1969, S. 9–29, S. 15
278 Ellmann, S. 595
279 Briefe II, S. 1087
280 Vinding in Potts, S. 149
281 Ellmann, S. 819
282 Colum, S. 123
283 FW, S. 628; FWD, S. 275
284 FW, S. 3; FWD, S. 44
285 FW, S. 39; FWD, S. 55
286 FW, S. 540
287 FW, S. 415; FWD, S. 257
288 FW, S. 628; FWD, S. 275
289 Briefe II, S. 1020
290 FW, S. 92
291 FW, S. 103
292 FW, S. 416; FWD, S. 257
293 FW, S. 386; FWD, S. 223
294 FW, S. 455
295 FW, S. 32; FWD, S. 47
296 FW, S. 535
297 Hoffmeister in Potts, S. 132
298 Ulysses, S. 1000
299 Ulysses, S. 434
300 FW, S. 157; FWD, S. 129
301 Briefe II, S. 979
302 Briefe II, S. 1041
303 Hoffmeister in Potts, S. 131
304 Briefe II, S. 1215
305 Briefe III, S. 1639
306 Briefe III, S. 1662
307 Fae & Lu, S. 133
308 Fae & Lu, S. 136

ZEITTAFEL

1882 2. Februar: James Joyce im Dubliner Vorort Rathgar geboren
1888 September: Eintritt ins Jesuiteninternat Clongowes Wood
1891 Abbruch der Ausbildung in Clongowes Wood
1893 Eintritt ins Belvedere College
1898 Schulabschluss; Eintritt ins University College
1900 Publiziert *Ibsens neues Drama*; schreibt *A Brilliant Career*
1902 Studienabschluss; kurzer Versuch, Medizin zu studieren; Dezember: Aufbruch nach Paris
1903 April: Rückkehr aus Paris; 13. August: Tod der Mutter
1904 Beginn der Arbeit an *Stephen der Held*; Juni: Begegnung mit Nora Barnacle; erste *Dubliner*-Erzählungen; Oktober: Aufbruch nach Triest mit Nora
1905 Unterricht an der Berlitz-Schule in Triest; 27. Juli: Sohn Giorgio geboren
1906 Juli: als Bankangestellter nach Rom; Ideen für *Die Toten* und *Ulysses*
1907 März: Rückkehr nach Triest; gesundheitliche Beschwerden; 26.7.: Geburt der Tochter Lucia; Veröffentlichung des Gedichtbandes *Kammermusik*
1908 Umarbeitung von *Stephen der Held* zu *Ein Porträt des Künstlers als junger Mann*
1909 Besuche in Dublin; dort Eröffnung eines Kinos
1912 Letzter Besuch in Irland
1914 Februar: Beginn des Vorabdrucks von *Ein Porträt des Künstlers als junger Mann*; *Dubliner* erscheint; Beginn der Arbeit am *Ulysses*
1915 Juni: Flucht vor dem Krieg nach Zürich
1916 Buchausgabe von *Ein Porträt des Künstlers als junger Mann*
1917 Beginn der Zuwendungen durch Harriet Shaw Weaver; erste Augenoperation
1918 März: Beginn des Vorabdrucks von *Ulysses*; Mai: das Drama *Verbannte* erscheint
1919 Oktober: Rückkehr nach Triest
1920 Juli: Umzug nach Paris; Vorabdruck des *Ulysses* durch Klage wegen Pornographie gestoppt
1922 2. Februar: *Ulysses* erscheint in Paris
1923 März: Beginn der Arbeit an *Finnegans Wake*
1924 Erster Ausschnitt aus *Finnegans Wake* erscheint unter dem Titel *Work in Progress*
1926 Schaffenskrise wegen Kritik an *Work in Progress*
1927 Publikation des Gedichtbandes *Pomes Penyeach*
1930 Mai: Erfolgreiche Augenoperation in Zürich
1931 Mehrmonatiger Aufenthalt in London; 4. Juli: standesamtliche Heirat mit Nora; 29. Dezember: Tod des Vaters
1932 19. Februar: Geburt des Enkels Stephen; Auftreten schwerer psychischer Probleme bei Lucia
1934 Januar: *Ulysses* wird von einem New Yorker Gericht vom Pornographievorwurf freigesprochen
1939 4. Mai: *Finnegans Wake* erscheint
1940 Dezember: Flucht nach Zürich
1941 13. Januar: Tod nach der Operation eines Zwölffingerdarmgeschwürs

ZEUGNISSE

Sergej Eisenstein

Formal ist Joyce so weit gegangen, wie die Literatur gehen kann. Und vieles, was er tat, ist heute unmöglich; da überschreitet er die Grenzen der Literatur, und eine ganze Reihe von Dingen, die in einem literarischen Werk sehr schwer durchzuführen sind, lassen sich sehr viel leichter in einer anderen Kunstform erledigen. Die nächste Stufe nach Joyce ist der Film, wo es viel einfacher ist.
Vortrag vor dem staatlichen Filminstitut in Moskau, 1934

Jorge Luis Borges

Wie Shakespeare, wie Quevedo, wie Goethe, wie kein anderer Autor ist Joyce weniger ein Literat denn eine Literatur. Und unglaublicherweise ist er eine Literatur innerhalb eines einzigen Bandes. Sein Schreiben ist intensiv, wie Goethes es nie war; es ist feingliedrig, eine Tugend, deren Existenz Quevedo nicht ahnte.
Fragmente über Joyce, 1941

Gertrude Stein

Sehen Sie, es sind die Leute, die allgemein nach Museum riechen, die akzeptiert werden, und es sind die Neuen, die nicht akzeptiert werden. Man muß den ganzen Unterschied akzeptieren. Es ist schwer, das zu akzeptieren, es ist viel leichter, eine Hand in der Vergangenheit zu haben. Das ist der Grund, warum James Joyce akzeptiert wurde und ich nicht. Er lehnte sich an die Vergangenheit an, in meinem Werk ist die Neuheit und der Unterschied grundlegend.
Transatlantisches Interview, 1946

Samuel Beckett

Joyce glaubte an die Wörter. Man mußte sie nur umstellen, und schon drückten sie alles aus, was man wollte.
Gespräch mit Lawrence E. Harvey, 1961

Vladimir Nabokov

Der *Ulysses* überragt alle anderen Werke von Joyce, und im Vergleich zu dessen vornehmer Eigenständigkeit und einzigartiger gedanklicher und stilistischer Klarheit ist das unglückselige *Finnegans Wake* nichts als ein formloser und fader Haufen falscher Folklore, ein kalter Pudding von Buch, ein anhaltendes Schnarchen im Nebenzimmer, äußerst unangenehm für den Insomniker, der ich bin.
Gespräch mit Alfred Appel, Jr., 1966

Arno Schmidt

Unser Jahrhundert hat 2 Geister hervorgebracht: 1 analytischn: FREUD; 1 sündthétischn, JOYCE
Zettel's Traum, 1970

Joseph Beuys

Ich glaube, das größte Verdienst von *Joyce* ist, daß er die Größe auf die einfachen Menschen gelegt hat und daß er bei diesem Vorgang sogar noch ein sehr starkes mythisches Element mitbeachtet hat.
Kunst und Politik. Ein Gespräch, 1989

John Cage

Ich glaube zusehends, wir brauchen eine Sprache, die keiner Übersetzung bedarf. So daß wir alle lernen können, die selbe Sprache zu sprechen. *Finnegans Wake* ist etwas, glaube ich, dem man sich mit einem deutschen Verstand ebenso gut nähern kann wie mit einem englischen Verstand.
Roaratorio. Ein irischer Circus über Finnegans Wake, 1985

David Bowie

Mir würde es gar nicht einfallen, daß es prätentiös sein könnte, James Joyce oder William Burroughs für meinen Schreibstil zu adaptieren. Viele sagen, ach, das ist so *arty*. Aber das sind eben nicht irgendwelche elitären Bücher – sie sind die Bezugspunkte für unsere ganze verdammte Art zu leben. Und wer sie nicht lesen will, ist eben ein beschissener Ignorant! Der hat eben Pech gehabt – er wird ein paar aufwühlende Erfahrungen verpassen!

Interview mit dem «ZEITmagazin», 1997

Salman Rushdie

Als Romanschreiber muß man sich vom *Ulysses* erst wieder erholen, sonst findet man keine eigene Stimme, aber James Joyce ist der Picasso der Literatur; nach ihm kann man unmöglich schreiben, ohne von ihm beeinflußt zu sein. [...] Joyce nahm den Engländern das Alleineigentum an der englischen Sprache für alle Zeiten ab, weil er ihr die Rhythmen und den Wortschatz Irlands und des europäischen Festlands einverleibte, so wie sie auf der Straße und im Bordell, von den Philosophen und den Poeten und in christlichen und jüdischen Bekenntnissen zu hören waren.

Mein Jahrhundertbuch: «Ulysses» von James Joyce, 1999

BIBLIOGRAPHIE

Bibliographien, Periodika, Hilfsmittel

Deane, Vincent, Daniel Ferrer, Geert Lernout (Hg.): James Joyce: The «Finnegans Wake» Notebooks at Buffalo. 55 Bde. Turnhout 2001 ff.

Deming, Robert H. (Hg.): A Bibliography of James Joyce Studies. Boston ²1977

Deming, Robert H. (Hg.): James Joyce. The Critical Heritage. 2 Bde. London 1970

European Joyce Studies. Amsterdam 1989 ff.

Fargnoli, A. Nicholas, Michael Patrick Gillespie: James Joyce A to Z. An Encylopedic Guide to his Life and Work. London 1995

Füger, Wilhelm (Hg.): Kritisches Erbe. Dokumente zur Rezeption von James Joyce im deutschen Sprachbereich zu Lebzeiten des Autors. Amsterdam 2000

Groden, Michael (Hg.): The James Joyce Archive. 63 Bde. New York 1977–80

James Joyce Broadsheet. Leeds 1980 ff.

James Joyce Literary Supplement. Miami 1987 ff.

James Joyce Quarterly. Tulsa 1963 ff.

Joyce Studies Annual. Austin 1990 ff.

Rice, Thomas Jackson: James Joyce. A Guide to Research. New York 1982

Slocum, John J., Herbert Cahoon (Hg.): A Bibliography of James Joyce (1882–1941). Westport ²1971

Staley, Thomas F.: An Annotated Critical Bibliography of James Joyce. New York 1989

Watson, Richard B., Randolph Lewis: The Joyce Calendar. A Chronological Listing of Published, Unpublished and Ungathered Correspondence by James Joyce. Austin 1994

Werke und Briefe

Originalausgaben

Chamber Music. London 1907, Elkin Mathews

Dubliners. London 1919, Grant Richards

A Portrait of the Artist as a Young Man. New York 1916, B.W. Huebsch

Exiles. London 1918, Grant Richards

Ulysses. Paris 1922, Shakespeare and Company

Pomes Penyeach. Paris 1927, Shakespeare and Company

Anna Livia Plurabelle. New York 1928, Crosby Gaige

Tales Told of Shem and Shaun. Paris 1929, Black Sun Press

Haveth Childers Everywhere. Paris 1930, Henry Babou and Jack Kahane

The Mime of Mick Nick and the Maggies. Den Haag 1934, Servire Press

Finnegans Wake. London 1939, Faber and Faber [FW]

Stephen Hero. Hg. von John J. Slocum und Herbert Cahoon. London 1944, Jonathan Cape

The Critical Writings of James Joyce. Hg. von Ellsworth Mason und Richard Ellmann. New York 1959, Viking Press

Letters of James Joyce. Hg. von Stuart Gilbert. New York 1957, Viking Press

Letters of James Joyce. Bde. II und III. Hg. von Richard Ellmann. New York 1966, Viking Press

Giacomo Joyce. Hg. von Richard Ellmann. New York 1968, Viking Press

Selected Letters of James Joyce. Hg. von Richard Ellmann. New York 1975, Viking Press [SL]

James Joyce's Letters to Sylvia Beach. 1921–1940. Hg. von Melissa Banta und Oscar A. Silverman. Bloomington 1987, Indiana University Press

Poems and Shorter Writings including «Epiphanies», «Giacomo

Joyce» and «A Portrait of the Artist». Hg. von Richard Ellmann, A. Walton Litz und John Whittier-Ferguson. London 1991, Faber and Faber

Ausgewählte deutsche Ausgaben

Werke. Frankfurter Ausgabe. Hg. von Klaus Reichert und Fritz Senn. Frankfurt a. M. 1969–81, Suhrkamp
– 1: Dubliner. Übers. von Dieter E. Zimmer. 1969 [Dubliner]
– 2: Stephen der Held. Ein Porträt des Künstlers als junger Mann. Übers. von Klaus Reichert. 1971 [Stephen der Held / Porträt]
– 3.1 / 3.2: Ulysses. Übers. von Hans Wollschläger. 2 Bde. 1975 [Ulysses]
– 4.1 Kleine Schriften. Aufsätze. Theater. Prosa. Übers. von Hiltrud Marschall und Klaus Reichert. 1974 [KS]
– 4.2 Gesammelte Gedichte. Übers. von Hans Wollschläger. Anna Livia Plurabelle. Übers. von Wolfgang Hildesheimer und Hans Wollschläger. 1981 [GG]
– 5: Briefe I. 1900–1916. Übers. von Kurt Heinrich Hansen. 1969 [Briefe I]
– 6: Briefe II. 1917–1930. Übers. von Kurt Heinrich Hansen. 1970 [Briefe II]
– 7: Briefe III. 1931–1941. Übers. von Kurt Heinrich Hansen. 1974 [Briefe III]
Finnegans Wake Deutsch. Gesammelte Annäherungen. Hg. von Klaus Reichert und Fritz Senn. Übers. von Hans Wollschläger, Arno Schmidt, Friedhelm Rathjen u. a. Frankfurt a. M. 1989, Suhrkamp [FWD]
Briefe an Sylvia Beach 1921–1940. Hg. von Melissa Banta und Oscar A. Silverman. Übers. von Claudia Bodmer und Michel Bodmer. Frankfurt a. M. 1991, Suhrkamp
Die Alimente der Gehomantie. Übers. von Friedhelm Rathjen. In: Schreibheft 39 (1992), S. 3–8
Stündel, Dieter H.: Finnegans Wehg. Kainnäh ÜbelSätzZung des Wehrkeß fun Schämes Scheuß. Darmstadt 1993, Häusser
Dubliner. Übers. von Harald Beck. Stuttgart 1994, Reclam
Von einem geächteten Schreiber an einen geächteten Sänger. Übers. von Friedhelm Rathjen In: die horen 178 (1995), S. 253–255
Whas war dhaas? Bettszene, erste Stellung (Finnegans Wake; III.iv). Übers. von Friedhelm Rathjen. In: Griffel 1 (1995), S. 69–76
Ulysses: Penelope. Übers. von Harald Beck mit Ruth Frehner und Ursula Zeller. Zürich 2001, Zürcher James Joyce Stiftung

Forschungsliteratur

Zur Biographie

Beach, Sylvia: Treffpunkt – Ein Buchladen in Paris. Übers. von Lilly von Sauter. München 1961
Beja, Morris: James Joyce. A Literary Life. Columbus 1992
Berrone, Louis (Hg.): James Joyce in Padua. New York 1977
Bradley, Bruce: James Joyce's Schooldays. Dublin 1982 [Bradley]
Budgen, Frank: James Joyce und die Entstehung des «Ulysses». Übers. von Werner Morlang. Frankfurt a. M. 1977 [Budgen]
–: Myselves When Young. London 1970
Colum, Mary und Padraic: Our Friend James Joyce. London 1959
Costello, Peter: James Joyce. The Years of Growth 1882–1915. A Biography. London 1992
Curran, Constantine P.: James Joyce Remembered. London 1968 [Curran]
Ellmann, Richard: James Joyce. Rev. und erg. Ausgabe. Frankfurt a. M. 1994 [Ellmann]

Faerber, Thomas, Markus Luchsinger: Joyce und Zürich. Zürich 1988 [Fae & Lu]
Fahy, Catherine (Hg.): The James Joyce – Paul Léon Papers in the National Library of Ireland. A Catalogue. Dublin 1992
Ferris, Kathleen: James Joyce & the Burden of Disease. Lexington 1995 [Ferris]
Fitch, Noel R.: Sylvia Beach. Eine Biographie im literarischen Paris 1920–1940. Übers. von Angelika Schleindl. Frankfurt a. M. 1988 [Fitch]
Gilbert, Stuart: Reflections on James Joyce. Stuart Gilbert's Paris Journal. Hg. von Thomas F. Staley und Randolph Lewis. Austin 1993
Jackson, John Wyse, Peter Costello: John Stanislaus Joyce. The Voluminous Life and Genius of James Joyce's Father. London 1997
Joyce, Stanislaus: Meines Bruders Hüter. Übers. von Arno Schmidt. Frankfurt a. M. 1960 [St.Joyce-MBH]
–: Das Dubliner Tagebuch des Stanislaus Joyce. Hg. von George Harris Healy. Übers. von Arno Schmidt. Frankfurt a. M. 1964 [St.Joyce-DTB]
Lidderdale, Jane, Mary Nicholson: Liebe Miss Weaver. Ein Leben für Joyce. Übers. von Angela Praesent und Anneliese Strauss. Frankfurt a. M. 1974 [Lidderdale]
Lyons, John B.: James Joyce and Medicine. Dublin 1973
Maddox, Brenda: Nora. Das Leben der Nora Joyce. Übers. von Karin Kersten. Köln 1990
McCourt, John: The Years of Bloom. James Joyce in Trieste 1904–1920. Dublin 2000 [McCourt]
Melchiori, Giorgio: Joyce in Rome. The Genesis of Ulysses. Rom 1984
Mercanton, Jacques: Die Stunden des James Joyce. Übers. von Markus Hediger. Basel 1993
Mikhail, Edward Halim (Hg.): James Joyce. Interviews and Recollections. Dublin 1990 (darin u. a. Oliver St. John Gogarty: James Joyce: a Portrait of the Artist) [Mikhail]
Potts, Willard (Hg.): Portraits of the Artist in Exile. Recollections of James Joyce by Europeans. Dublin 1979 (darin u. a. Alessandro Francini Bruni: Joyce Stripped Naked in the Piazza; Adolf Hoffmeister: Portrait of Joyce; Ole Vinding: James Joyce in Copenhagen) [Potts]
Power, Arthur: Gespräche mit James Joyce. Hg. von Clive Hart. Übers. von Werner Morlang. Frankfurt a. M. 1978 [Power]
Rademacher, Jörg W.: James Joyce. München 2004
Rathjen, Friedhelm: What Happened to Joyce in Galway and Connemara? An Attempt to Baedekerize James Joyce. In: Papers on Joyce 6 (2000), S. 59–65
–: Virgo intacta. Neueste Nachrichten vom Triestiner Tagebuch des Stanislaus Joyce. In: Bargfelder Bote 266 (2003), S. 3–5
Read, Forrest (Hg.): Ezra Pound / James Joyce. Die Geschichte ihrer Beziehung in Briefen und Dokumenten. Zürich 1973
Recklinghausen, Daniel von: James Joyce – Chronik von Leben und Werk. Frankfurt a. M. 1968
Schneider, Jürgen: James Joyce in Wiesbaden. In: irland journal 10.4 (1999), S. 37–47
Shloss, Carol Loeb: Lucia Joyce. To Dance in the Wake. New York 2003
Sullivan, Kevin: Joyce Among the Jesuits. New York ²1967 [Sullivan]

Zum Werk

Adams, Robert Martin: Surface and Symbol. The Consistency of James Joyce's «Ulysses». New York 1962
Atherton, James S.: The Books at the Wake: A Study of Literary Allusions in James Joyce's «Finnegans Wake». London 1959
Attridge, Derek (Hg.): The Cambridge

Companion to James Joyce. Cambridge 1990
Beckett, Samuel: Dante … Bruno. Vico .. Joyce. In: Stücke / Kleine Prosa. Auswahl in einem Band. Übers. von Erika und Elmar Tophoven. Frankfurt a. M. 1969, S. 9–29
Begnal, Michael H.: Dreamscheme. Narrative and Voice in «Finnegans Wake». Syracuse 1988
Bishop, John: Joyce's Book of the Dark: «Finnegans Wake». Madison 1986
Booker, M. Keith: «Ulysses», Capitalism, and Colonialism. Reading Joyce after the Cold War. Westport 2000
Brown, Richard: James Joyce and Sexuality. Cambridge 1985
Burgess, Anthony: Joyce für Jedermann. Eine Einführung in das Werk von James Joyce für den einfachen Leser. Übers. von Friedhelm Rathjen. Frankfurt a. M. 1994
Campbell, Joseph, Henry Morton Robinson: A Skeleton Key to «Finnegans Wake». New York 1944
Cheng, Vincent J., Timothy Martin (Hg.): Joyce in Context. Cambridge 1992
Cheng, Vincent J.: Joyce, Race, and Empire. Cambridge 1995
Davison, Neil R.: James Joyce, «Ulysses», and the Construction of Jewish Identity. Culture, Biography, and «The Jew» in Modernist Europe. Cambridge 1998
Derrida, Jacques: Ulysses Grammophon. Übers. von Elisabeth Weber. Berlin 1988
Drews, Jörg: Schmidt und Joyce, und im Hintergrund der Dritte. In: Protokolle 1 (1992), S. 5–22
Duffy, Enda: The Subaltern «Ulysses». Minneapolis 1994
Eberl, Ulrich: James Joyce's «Ulysses». Leitbild und Sonderfall der Moderne. Vom psychologischen Realismus zur transindividuellen Allegorie. Regensburg 1989
Eide, Marian: Ethical Joyce. Cambridge 2002
Ellmann, Richard: Odysseus in Dublin. Übers. von Claudia Dörmann. Frankfurt a. M. 1978
Fischer-Seidel, Therese (Hg.): James Joyces «Ulysses». Neuere deutsche Aufsätze. Frankfurt a. M. 1977
Frehner, Ruth, Ursula Zeller (Hg.): A Collideorscape of Joyce. Festschrift for Fritz Senn. Dublin 1998
Füger, Wilhelm: James Joyce. Epoche – Werk – Wirkung. München 1994
Gardt, Andreas: James Joyce auf deutsch. Möglichkeiten der literarischen Übersetzung. Frankfurt a. M. 1989
Gifford, Don, Robert J. Seidman: «Ulysses» Annotated. Notes for James Joyce's «Ulysses». Berkeley ²1988
Gilbert, Stuart: Das Rätsel Ulysses. Zürich 1932
Glasheen, Adaline: A Third Census of «Finnegans Wake». An Index of the Characters and their Roles. Berkeley 1977
Goldberg, Samuel L.: The Classical Temper. A Study of James Joyce's «Ulysses». London 1961
Gottfried, Roy: Joyce's Iritis and the Irritated Text. The Dis-lexic «Ulysses». Gainesville 1995
Groden, Michael: «Ulysses» in Progress. Princeton 1977 [Groden]
Hagena, Katharina: Developing Waterways. Das Meer als sprachbildendes Element im «Ulysses» von James Joyce. Frankfurt a. M. 1996
Hart, Clive, David Hayman: James Joyce's «Ulysses». Critical Essays. Berkeley 1974
Hayman, David: The «Wake» in Transit. Ithaca 1980
Herr, Cheryl: Joyce's Anatomy of Culture. Urbana 1986
Hildesheimer, Wolfgang: Das Jüdische an Mr. Bloom. Frankfurt a. M. 1984

Kenner, Hugh: Joyce's Voices. London 1978
–: Ulysses. Übers. von Klaus Melchior und Harald Beck. Frankfurt a. M. 1982
Kershner, R.B.: Joyce, Bakhtin, and Popular Culture. Chronicles of Disorder. Chapel Hill 1989
– (Hg.): James Joyce and Popular Culture. Gainesville 1996
Lawrence, Karen: The Odyssey of Style in «Ulysses». Princeton 1981
Lerm Hayes, Christa Maria: James Joyce als Inspirationsquelle für Joseph Beuys. Hildesheim 2001
Levitt, Morton P.: James Joyce and Modernism. Beyond Dublin. Lewiston 2000
McHugh, Roland: Annotations to «Finnegans Wake». Baltimore ²1991
Mitchell, Breon: James Joyce and the German Novel 1922–1933. Athens 1976
Multhaup, Uwe: James Joyce. Darmstadt 1980
Nolan, Emer: James Joyce and Nationalism. New York 1994
Norris, Margot C.: The Decentered Universe of «Finnegans Wake». A Structuralist Analysis. Baltimore 1977
–: Joyce's Web. The Social Unraveling of Modernism. Austin 1992
Peters, Susanne: Wahrnehmung als Gestaltungsprinzip im Werk von James Joyce. Trier 1995
Rabaté, Jean-Michel: James Joyce and the Politics of Egoism. Cambridge 2002
Rademacher, Jörg W. (Hg.): Was nun, Herr Bloom? «Ulysses» zum 75. Geburtstag. Ein Almanach. Münster 1996
Rathjen, Friedhelm (Hg.): In Principle, Beckett is Joyce. Edinburgh 1994
–: «… in fremden Zungen»: James Joyce bei Arno Schmidt ab «Zettels Traum». Ein annotierender Kommentar. München 1995
–: Literatur der Migration: Joyce und Rushdie. In: Merkur 565 (1996), S. 367–371
–: Dritte Wege. Kontexte für Arno Schmidt und James Joyce. Wiesenbach 2004
Reichert, Klaus, Fritz Senn (Hg.): Materialien zu James Joyces «Ein Porträt des Künstlers als junger Mann». Frankfurt a. M. 1975
–, Fritz Senn, Dieter E. Zimmer (Hg.): Materialien zu James Joyces «Dubliner». Frankfurt a. M. 1969
–: Vielfacher Schriftsinn. Aufsätze zu «Finnegans Wake». Frankfurt a. M. 1989
Reizbaum, Marilyn: James Joyce's Judaic Other. Stanford 1999
Rickard, John S.: Joyce's Book of Memory. The Mnemotechnic of «Ulysses». Durham 1999
Rose, Danis: The Textual Diaries of James Joyce. Dublin 1995
Scott, Bonnie Kime: Joyce and Feminism. Bloomington 1984
Senn, Fritz: Nichts gegen Joyce. Joyce versus Nothing. Aufsätze 1959–1983. Hg. von Franz Cavigelli. Zürich 1983
–: Joyce's Dislocutions. Essays on Reading as Translation. Hg. von John Paul Riquelme. Baltimore 1984
–: Inductive Scrutinies. Focus on Joyce. Hg. von Christine O'Neill. Dublin 1994
–: Nicht nur Nichts gegen Joyce. Aufsätze über Joyce und die Welt 1969–1999. Hg. von Friedhelm Rathjen. Zürich 1999
Spoo, Robert: James Joyce and the Language of History. Dedalus's Nightmare. New York 1994
Sultan, Stanley: Joyce's Metamorphosis. Gainesville 2001
Valente, Joseph: James Joyce and the Problem of Justice. Negotiating Sexual and Colonial Difference. Cambridge 1995
Van Hulle, Dirk (Hg.): James Joyce.

The Study of Languages. Pieterlen 2002
Weninger, Robert: The Mookse and The Gripes. Ein Kommentar zu James Joyces «Finnegans Wake». München 1984
Wicht, Wolfgang. Utopianism in James Joyce's «Ulysses». Heidelberg 2000
Williams, Trevor L.: Reading Joyce Politically. Gainesville 1997

Verfilmungen

Passages from Finnegans Wake. USA 1965. Regie: Mary Ellen Bute. Darsteller: Martin J. Kelly, Jane Reilly, Peter Haskell, Page Johnson, Maura Pryor.
Ulysses. Großbritannien 1967. Regie: Joseph Strick. Darsteller: Milo O'Shea, Barbary Jefford, Maurice Roeves
A Portrait of the Artist as a Young Man. Großbritannien 1977. Regie: Joseph Strick. Darsteller: Bosco Hogan, John Gielgud, T. P. McKenna
The Dead. USA 1987. Regie: John Huston. Darsteller: Anjelica Huston, Donal McCann
Nora. Großbritannien 1999. Regie: Pat Murphy. Darsteller: Ewan McGregor, Susan Lynch, Peter McDonald
bl,.m. Irland 2003. Regie: Sean Walsh. Darsteller: Stephen Rea, Angeline Ball, Hugh O'Conor

James Joyce im Internet (Auswahl)

International James Joyce Foundation: http://english.ohio-state.edu/organizations/ijjf/
Zürcher James Joyce Stiftung: http://www.joycefoundation.ch/
Hypermedia Joyce Studies: www.geocities.com/hypermedia_joy
James Joyce Portal: http://www.robotwisdom.com/jaj/portal.html
James Joyce Scholars' Collection: http://libtext-dev.library.wisc.edu/JoyceColl/

Namenregister

Die kursiv gesetzten Zahlen bezeichnen die Abbildungen.

A. E. s. u. Russell, George William
Aloysius von Gonzaga 14
Anderson, Margaret 81, 105
Anderson, Sherwood 105
Antheil, George 105
Archer, William 21 ff., 38, *20*
Aristoteles 28, 45, 69, 78, 94
Artifoni, Almidano 44

Barnacle, Nora s. u. Joyce, Nora
Barnes, Djuna 105
Barrett, Syd 51
Beach, Sylvia 105 ff., 117 f., *106/07*
Beckett, Samuel 115, 117, 119, 123, 125, 136, *115*
Bennett, Andrew Percy 80
Bérard, Victor 78
Bishop, John 132/133
Blake, William 18
Borsch, Louis 108, 112, 117
Broch, Hermann 124
Bruno, Giordano 24, 130
Budgen, Frank 79, 82, 84 f., *79*
Byrne, John Francis 18, 25, 27, 29, 56, 64, *65*
Byron, George Gordon Noel Lord 16

Carr, Henry 80
Churchill, Winston 106 f.
Clancy, George 19, 64, *65*
Colum, Mary 115, 119
Colum, Padraic 115, 118
Conmee, John 12, 16, 95
Conway, Hearn 11 f.
Cosgrave, Vincent 19, 27, 32, 56, 64
Croce, Benedetto 114
Cummins, Maria Susanna 98

D'Annunzio, Gabriele 19 f., 25, 81
Dante Alighieri 18, 40, 82, 86
Dempsey, George Stanislaus 16
Dujardin, Édouard 88

Eglinton, John 31, 35
Einstein, Albert 114
Eliot, Thomas Stearns 62, 105

Fitzgerald, F. Scott 105
Flaubert, Gustave 66
Fleischman, Helen s. u. Joyce, Helen
Fleischmann, Martha 81 f.
Ford, Ford Madox 62, 111
Francini Bruni, Alessandro 45 f., 53, 60, 103
Francini Bruni, Clotilde 45
Freud, Sigmund 83, 112, 134

Gell-Mann, Murray 111
Gide, André 106 f.
Gilbert, Stuart 115
Gogarty, Oliver St. John 30 ff., 35 f., 88
Golden, Geoffrey *97*
Gregory, Augusta Lady 26 f., 31, 35

Hamsun, Knut 114
Hardy, Thomas 23
Harun Ar Raschid 90
Hauptmann, Gerhart 19, 23
Healy, Tim 7
Heap, Jane 81, 105
Hemingway, Ernest 105 f.
Homer 78, 80, 91 f., 97, 102
Hunter, Alfred H. 52

Ibsen, Henrik 18–24, 38 f., 43, 60, 103, *20*

Jolas, Eugène 114 f., 120, 123, 136
Jolas, Maria 114 f., 120, 123, 135 f.
Joyce, Anna Lucia (Tochter) 46, 53, 58, 63, 75, 77 f., 84 f., 107 f., 116–120, 122 f., 136, 138, *120/121*
Joyce, Charles Patrick (Bruder) 10
Joyce, Eileen Isabella (Schwester) s. u. Schaurek, Eileen
Joyce, Ellen, geb. O'Connell (Großmutter) 8 f.
Joyce, Eva Mary (Schwester) 10, 57
Joyce, Florence Elizabeth («Florrie»; Schwester) 10
Joyce, George Alfred (Bruder) 10, 25

Joyce, Giorgio (Sohn) 46, 48, 50, 52, 56, 58, 63, 75, 77 f., 84 f., 107 f., 116 ff., 122 ff., 135 f., 138, *109*
Joyce, Helen (Schwiegertochter) 117, 124, 135
Joyce, James (Urgroßvater) 8
Joyce, James Augustin (Großvater) 8 ff.
Joyce, John Stanislaus (Vater) 7–11, 15 ff., 25, 27, 30, 37, 57, 118 f., *13*
Joyce, John Stanislaus (Bruder) 11, 16, 19, 21, 30, 37, 44 f., 48–53, 56 f., 62 ff., 80, 84 ff., 112, 116, 119, *49*
Joyce, Mabel Josephine Anne («Baby»; Schwester) 10
Joyce, Margaret Alice («Poppie»; Schwester) 10, 37
Joyce, Mary Cathleen («May»; Schwester) 10
Joyce, Mary Jane («May»; Mutter) 9–12, 17, 25, 27, 30, 35, 37, 57, *13*
Joyce, Nora (Ehefrau) 32 f., 35 f., 44 ff., 48 ff., 52 f., 56–60, 63, 75, 77 f., 80 ff., 84 f., 107 f., 110, 116–120, 122 f., 136, 138, *33*, *109*, *120/121*
Joyce, Stephen (Enkel) 119, 135, 138
Jung, Carl Gustav 79, 82, 112, 120 f.

Kaempffer, Gertrude 82
Kettle, Thomas 19, 64
Kevin, hl. 109, 124

Lamb, Charles 16
Larbaud, Valéry 88, 105
Lenin, Wladimir Iljitsch 75
Léon, Paul Léopold 118 f., 122 f., 135 f., *122*
Lewis, Wyndham 62, 76, 81, 105, 108, 114 f.
Lloyd George, David 80

MacGreevy, Thomas 115 f.
MacLeish, Archibald 105
Maeterlinck, Maurice 19
Mangan, James Clarence 25
Mann, Thomas 114
Marconi, Guglielmo 58
McAlmon, Robert 105
McCormick, Edith 79, 82 f.
Meredith, George 23
Monnier, Adrienne *106/107*
Monroe, Marilyn 103
Murray, John (Großvater) 9, *13*
Murray, Josephine (Tante) 31
Murray, Mary Jane s. u. Joyce, Mary Jane

Napoleon, Kaiser der Franzosen 118, 129
Nietzsche, Friedrich 31
Nikolaus von Kues (Nikolaus Cusanus) 130

O'Connell, Daniel 8
O'Connor, Roderick 109, 124, 126
O'Shea, Milo *97*

Pagenstecher, Hermann 117
Palmer, Geoffrey Molyneux 51
Parnell, Charles Stewart 7 f., 15, 69, 129
Patrick, hl. 109
Plato 94
Ponisovsky, Alexander 119
Popper, Amalia 59
Pound, Ezra 62, 76, 78, 81, 84 f., 105, 112, *67*, *138*
Prezioso, Roberto 52, 59

Quinet, Edgar 135

Rabelais, François 105
Richards, Grant 49 ff., 60, 62
Roscher, Wilhelm Heinrich 78
Roth, Samuel 114
Ruggiero, Paul 77, 136
Rumbold, Horace 80
Rushdie, Salman 72
Russell, George William (A. E.) 26, 31 f., 35

Schaurek, Eileen Isabella (Schwester) 10, 57 f., 62 f., 84, 123
Schaurek, Frantisek 63, 84
Schmitz, Ettore (Italo Svevo) 54 ff., *54*
Schmitz, Livia 54, *54*
Schmitz, Letizia *54*
Schnitzler, Arthur 88
Senn, Fritz 86
Shakespeare, William 18, 77, 82, 87, 89, 94, 130

Sheehy, David 17
Sheehy, Mary 17
Skeffington, Francis 19, 65
Stein, Gertrude 115
Stephens, James 116
Strick, Joseph 97
Sullivan, John 116f.
Svevo, Italo s. u. Schmitz, Ettore
Sykes, Claud 80
Synge, John Millington 80

Thomas von Aquin 35, 45, 69, 99
Turgenjew, Iwan Sergejewitsch 23

Vespasian, römischer Kaiser 107
Vico, Giambattista 112, 128, 130, 134, *113*
Vogt, Alfred 117, 120

Weaver, Harriet Shaw 62, 76ff., 81, 84, 106–109, 112ff., 116f., 119ff., 123, *76*
Woolf, Leonard 81
Woolf, Virginia 81

Yeats, William Butler 22f., 26f., 35, 62, 76, 106, *24*

Zweig, Stefan 125

Über den Autor

Friedhelm Rathjen, Jahrgang 1958, lebt als freier Übersetzer und Literaturkritiker in Scheeßel (Niedersachsen). Zu seinen gut 700 Veröffentlichungen zählen mehrere Bücher und viele Aufsätze über Joyce, Beckett, Arno Schmidt und andere Autoren; außerdem schrieb er Funkfeatures, Hörspiele, Lyrik, Prosa und Reisefeuilletons. Übersetzt hat er sowohl Klassiker der englischen und amerikanischen Literatur (Herman Melville, Robert Louis Stevenson, Mark Twain, Joyce, Gertrude Stein, Charles Olson sowie die Tagebücher von Meriwether Lewis und William Clark) als auch verschiedene Gegenwartsautoren (Christopher Buckley, Tom Murphy, Jonathan Ames und andere). Zuletzt erschien von Friedhelm Rathjen unter dem Titel «Die grüne Tinte» ein Leitfaden durch die irische Literatur.

Quellennachweis der Abbildungen

Roger-Viollet, Paris: Umschlagvorderseite, 100
© Gisèle Freund / Agentur Nina Beskow, Paris: 3, 106/107
Friedhelm Rathjen, Scheeßel: 6, 73, 93, 126, Umschlagrückseite unten
Aus: Peter Costello: James Joyce. The Years of Growth 1882 – 1915. London 1992: 8 (© Illustrated London News)
The Beinecke Rare Book and Manuscript Library, Yale University, CT: 11, 28/29, 34, 110, 120/121, 122 (© Foto Lipnitzki)
The Poetry / Rare Books Collection, State University of New York at Buffalo, NY: 13, 83
Aus: Bruce Bradley S. J.: James Joyce's Schooldays. Dublin 1982: 14/15
Dublin City Gallery The Hugh Lane, Dublin: 20 (© Berlin Associates, London)
© Harlingue / Roger-Viollet, Paris: 24
Special Collections Research Center, Morris Library, Southern Illinois University Carbondale, Carbondale, IL: 33, 65
Aus: John Wyse Jackson & Bernard Mcgingley (Hg.): James Joyce's Dubliners. An Annotated Edition. London 1993: 41
National Photographic Archive, Dublin: 42
Aus: John McCourt: The Years of Bloom. James Joyce in Trieste 1904 – 1920. Dublin 2000: 47 (Archivio Fantin)
Division of Rare and Manuscript Collections, Cornell University Library, Ithaca, NY: 49
Aus: Giuseppe Antonio Camerino: Italo Svevo. Turin 1981: 54
Archivi Alinari-archivio Alinari, Florenz: 55, 113 (Rom, Museo di Roma, Palazzo Braschi)
© Zürcher James Joyce Stiftung: 61, Umschlagrückseite oben (Foto Carola Giedion-Welcker)
Aus: John McCourt: James Joyce. A Passionate Exile. New York 1999: 67 (Weidenfeld Archive)
Foto: akg-images, Berlin: 71 (Alençon, Musée des Beaux-Arts)
Richard Ellmann Collection, McFarlin Library, University of Tulsa, OK: 76
Aus: Richard Ellmann: James Joyce. New and revised edition. New York u. a. 1982: 79 (Frank Budgen)
Northwestern University Library, Evanston, IL: 90
Cinetext, Bild- und Textarchiv, Frankfurt a. M.: 97
© Eve Arnold / Magnum / Agentur Focus, Hamburg: 103
Aus: Noel R. Fitch: Sylvia Beach. Frankfurt a. M. 1988: 109
Samuel Beckett Estate: 115
Aus: David Pierce: James Joyce's Ireland. New Haven, London 1992: 129 (hier aus: Colm O Lochlainn: Irish Street Ballads. Dublin 1939)
John Bishop, University of California, Berkeley, CA: 132/133
© Schweizerischer Schriftstellerverband, Zürich: 137
© Horst Tappe, Montreux: 138

Trotz sorgfältiger Recherchen konnten nicht alle Rechteinhaber ermittelt werden. Der Verlag ist bereit, berechtigte Ansprüche in üblicher Weise abzugelten.

rowohlts monographien

Dichter und Literaten

rowohlts monographien, herausgegeben von Wolfgang Müller und Uwe Naumann

Ingeborg Bachmann
Hans Höller
3-499-50545-2

Daniel Defoe
Wolfgang Riehle
3-499-50596-7

Friedrich Dürrenmatt
Heinrich Goertz
3-499-50380-8

Die Familie Mann
Hans Wißkirchen
3-499-50630-0

Johann Wolfgang von Goethe
Peter Boerner
3-499-50577-0

Günter Grass
Heinrich Vormweg
3-499-50559-2

Franz Kafka
Klaus Wagenbach
3-499-50649-1

Gotthold Ephraim Lessing
Wolfgang Drews
3-499-50075-2

William Shakespeare
Alan Posener
3-499-50641-6

Umberto Eco
Michael Nerlich

3-499-50562-2